Pour pratiquer
la Radio-Physique

G.
Class. déc. : 55.081/89 (021).

Henri MAGER

Commandeur de l'Ordre colonial d'Anjouan.
Commandeur de l'Ordre colonial du Bénin.
Officier de l'Instruction publique.
Chevalier du Mérite agricole.

OUVRAGES DE M. HENRI MAGER

I. — De 1885 à 1910.

1885. — *Atlas Colonial* : gr. in-4°. — 122 Cartes et Cartons ; 366 pages ; — Notices avec la collaboration de Félix Faure, Paul Bert, Général Faidherbe, Amiral Aube, de Mahy, Grandidier, Le Myre de Vilers ;

1887. — *Atlas Colonial* : Édition populaire et classique (Tirage : 50.000 ex.) ; — gr. in-4° ; 19 Cartes, 46 Plans et Cartons ;

1889. — *Les Cahiers Coloniaux de 1889* : ensemble de Vœux formulés dans les Colonies sur l'Initiative de Henri Mager ; — in-8° ; 442 pages ;

1890. — *Les Droits Coloniaux de la France* : Choix d'Articles écrits de 1879 à 1889 ; in-8° ; — 196 pages.

1895. — *Comment faut-il organiser Madagascar ?* 192 p. avec une Lettre-Préface de M. de Mahy.

1896. — *Rapports de Missions à Madagascar* : 2 Vol. in-8° ; 224 p. Photogravures et Cartes ; publiés par les Chambres de Commerce de Rouen et d'Épinal.

1897. — *La Vie à Madagascar* : Notes de Voyages à travers l'Océan Indien ; gr. in-8 ; 330 p. 150 photogravures.

1902. — *Nouvel Atlas Colonial* (Tirage 20.000 ex.) ; gr. in-4° ; 122 Cartes et Plans avec Texte,

1902. — *Atlas d'Algérie et Tunisie* : gr. in-4° ; 22 Cartes et Plans, avec Texte ; gr. in-4°.

1902. — *Le Monde Polynésien* : Notes de Voyages à travers l'Océan Pacifique ; — in-12 ; — 250 pages.

1910. — *Quelques Souvenirs : Vingt-cinq années de Politique coloniale* : Mes Voyages à travers les Colonies (80.000 kilom.) ; — La chute du Ministère Ribot ; L'Annexion de Madagascar.

II. — De 1911 à 1938.

1911. — *Hydrologie souterraine* : Moyens de découvrir les Eaux souterraines et de les utiliser.

1913. — *Les Sourciers et leurs Procédés* : 1ʳᵉ Édition ; in-8° 314 p. 102 Fig.

1920. — *Les Baguettes des Sourciers et les Forces de la Nature* : in-8°, 423 p. 192 Fig.

1923. — *Une Science nouvelle (La Radio-physique)* ; in-8, 161 p. 50 Fig.

1923. — *Nouvelles Méthodes pour la Recherche et l'Étude des Gîtes pétrolifères* (Br).

1932. — *Les Nouvelles Méthodes de Prospection* : in-8°, 160 p. 34 Fig.

1934. — *La Radio-physique* (2ᵉ Édit.) ; in-8° 253 p., 66 Fig.

1935. — *Les Instruments d'Étude du Rayonnement de la Matière* : in-8°, 198 p., 94 Fig.

1936. — *Radi-esthésie et Radio-physique* : in-8, 118 p., 25 Fig.

Note de l'éditeur

Nos livres sont la reproduction digitale de textes devenus introuvables.

Le lecteur voudra bien excuser le léger manque de lisibilité et les imperfections dues aux ouvrages imprimés il y a des décennies, voir des siècles.

Par égard à la mémoire des auteurs et la spécificité des ouvrages, il convenait de les reproduire tels les originaux.

INTRODUCTION

TOUS LES CORPS ÉMETTENT DES ONDES

On nomme *Ondes électriques* ou *Ondes hertziennes,* longues, moyennes, ou courtes, des Ondes résultant de la propagation de l'*Electricité;* — *Ondes lumineuses,* des Ondes résultant de la propagation de la *Lumière;* — *Ondes calorifiques,* des Ondes résultant de la propagation de la *Chaleur;* — la *Matière,* elle aussi, émet des Ondes; — en émettent les *Corps inorganiques,* les *Corps organiques,* les *Corps vivants.*

Ce sont les émissions d'Ondes, projetées par la Matière, qui permettent de pratiquer cette *Science nouvelle,* à laquelle j'ai donné, en 1923, le nom de *Radiophysique,* c'est-à-dire *Physique du Rayonnement de la Matière,* comme aussi *du Rayonnement des Forces électriques et super-électriques, du Rayonnement de l'Ether stable* et *de l'Ether en états tourbillonnaires.*

Tout ce qui Est vibre; et, comme je le disais, en 1920, dans mon ouvrage sur *Les Forces de la Nature,* l'Atome, comme le Corps fait d'atomes ou de cellules, est accompagné d'un Champ vibrant, caractérisé par son Rayonnement; au terme ancien de Champ vibrant, j'ai substitué l'expression plus précise de *Champ spectral de décomposition et de dispersion.* Dans mon ouvrage sur *Les Radiations des Corps minéraux,* j'avais déjà écrit 15 ans plus tôt : « Les Corps métalliques radient et *révèlent leur présence* par leurs Radiations ».

Toutefois, les Corps minéraux ne sont décelés et reconnus qu'à une condition : il est indispensable que les Praticiens en quête de Radiations sachent, d'une part les *accrocher* et d'autre part les *identifier.* A ce sujet nous donnerons aux Prospecteurs et aux Analystes des conseils dans les pages qui vont suivre.

LE MATÉRIEL QUE DOIT POSSÉDER LE PROSPECTEUR OU L'ANALYSTE RADIO-PHYSICIEN

LES INSTRUMENTS D'ÉTUDE DU RAYONNEMENT DE LA MATIÈRE : PENDULE OU BAGUETTE ?
LES MASSES ET COULEURS D'ACCORD

Le Pendule. — Le Pendule est un petit instrument fort prisé par certains amateurs; *je le condamne* cependant d'une façon absolue.

A son sujet, j'écrivais en 1935 dans mon ouvrage *Les Instruments d'Etude du Rayonnement de la Matière :* « Ne datent que de 1788 les études de Gerboin, qui attirèrent l'attention sur ce petit instrument, qui n'était encore qu'un jouet d'enfant (*sphère en bois creuse* suspendue à un fil); c'est en 1803 que l'abbé Fortis fit ses observations avec un *cube de pyrite de fer* suspendu à un fil d'un quart ou d'une moitié d'aune (l'aune valant environ 1 mètre 18); le physicien Ritter ne contrôla les conclusions de Fortis qu'en 1807, en se servant d'un *anneau d'or;* il attribua les mouvements du Pendule à une Force qu'il croyait nouvelle et de nature inconnue; il la nomma Sidérisme.

Chevreul, l'académicien centenaire, étudia le Pendule à partir de 1810 et conclut en 1833 : « Le Pendule formé d'un *Corps lourd* et d'un *Fil flexible* oscille lorsqu'on le tient à la main au-dessus de certains Corps, le bras étant immobile; le Pendule, dont je me servis était un *anneau de fer* suspendu à un *fil de chanvre;* je sentis très bien que, en même temps que mes yeux suivaient le Pendule, qui oscillait, il y avait en moi une disposition ou *tendance au mouvement;* lorsque je tenais le Pendule à la main un mouvement musculaire de mon bras, quoique insensible pour moi, fit sortir le Pendule de l'état de repos, et les oscillations, une fois commencées, furent bientôt augmentées par l'influence que la vue exerce pour mettre dans cet état particulier de disposition ou tendance au mouvement ». Conclusion : « Il y a une *liaison intime entre l'exécution de certains mouvements et l'acte de la Pensée*, qui y est relative ».

Le Pendule est un *instrument dangereux* du fait qu'il obéit à la Pensée du Pendulisant. A ce sujet, l'abbé Guinebault a écrit : « Quand le Pendule est bien lancé dans la direction du Méridien magnétique, *si, par exemple, je lui commande, par une volonté intérieure très ferme, de s'arrêter, il s'arrête presque instantanément,* et demeure immobile tant que ma volonté prohibitive se maintient; bien plus, *si une personne étrangère me prend la main et veut mentalement que le Pendule se dirige dans une direction qu'il ne m'indique pas, aussitôt le Pendule s'arrête et prend, peu à peu, la direction indiquée mentalement ».*

Autre méfait de la Pensée; j'ai écrit dans mon ouvrage *Radi-esthésie et Radio-physique :* « ... *Le Pendule vert obéit très docilement au commandement mental;* ce Pendule doit être fait d'une boîte cylindrique en carton fermée par un couvercle; boîte et couvercle sont recouverts d'un papier vert (vert un peu vif, quoique légèrement blanchâtre); le fil de suspension est vert; les dimensions sont : hauteur 0,11 centimètres; diamètre 0,05 centimètres; poids de l'ensemble 0,031 grammes, — fil de suspension devant être tenu entre l'ongle de l'index droit et l'ongle du pouce à une distance de 0,25 centimètres du couvercle. Si l'on essaye quelques commandements en se plaçant tout près d'un mur, d'une cloison, d'un arbre, d'un pupitre de travail (tout près veut dire de 0,20 à 0,30 centimètres), on tiendra le Pendule comme à l'ordinaire, ou bien *on l'élèvera à hauteur du front,* tout en penchant légèrement la tête pour que les yeux puissent vérifier l'exécution du mouvement commandé et la rapidité de l'exécution; cette expérimentation laissera l'impression que la Pensée (que *l'Onde de la Pensée*), *a rebondi sur l'obstacle,* et, à la suite de ce rebondissement, a dirigé le Pendule.

En 1838, de Briche, secrétaire-général de la Préfecture du Loiret, a reconnu que le Pendule prend toutes les directions que lui commande la volonté de l'opérateur. Bué, à la suite de ses recherches, concluait en 1886 : « *Lorsque l'opérateur* sort de la neutralité et *formule mentalement avec énergie l'expression de sa volonté, le Pendule*, au lieu d'obéir aux Radiations spéciales des substances, *ne répond plus qu'à la Pensée mentalement exprimée par l'opérateur ».*

Enfin Albert de Rochas, administrateur de l'Ecole Polytechnique, après de consciencieuses études, concluait : « Ce qu'il faut savoir, c'est que l'*opérateur peut, à loisir, substituer l'action de sa volonté à celle qui résulte du Rayonnement spécial du Corps mis en expérience ».*

Après ces déclarations d'opiniâtres chercheurs, tels que de Rochas, une seule conclusion est possible ; constater que *le Pendule est un instrument dangereux*, un instrument perfide.

Personnellement, comme j'en avais le devoir, j'ai, très impartialement et très longuement, étudié le Pendule ; j'ai constaté qu'il est possible de *spécialiser* un Pendule en lui donnant, pour l'étude d'un certain Corps, un *poids de masse croissant* sur la masse utilisée pour le Corps précédent dans les Tableaux de Classification périodique, et une *longueur de fil décroissante ;* ainsi pour le Lithium : poids 33 grammes ; — pour le Glucinium 34 grammes ; — pour le Bore 35 grammes ; — pour le Carbone 35 grammes 5 ; — pour l'Azote 36 grammes 5 ; — pour l'Oxygène 37 grammes 5 ; — avec longueur de fil pour le Lithium de 0,39 centimètres 5 mm. ; — pour le Glucinium de 0,39 centimètres 3 mm. ; — pour le Bore de 0,39 centimètres 1 mm. ; — pour le Carbone de 0,39 centimètres ; — pour l'Azote de 0,38 centimètres 9 mm. ; — pour l'Oxygène de 0,38 centimètres 7 mm. ; —

et pour l'Uranium, poids de masse : 149 grammes; longueur de fil 0,20 centimètres 1 mm. 6.

A la suite de mes études, j'ai façonné un Pendule, qui a été dénommé *Le Pendule noir et blanc* H. M. : ce Pendule est *réglé*, non pas sur tel ou tel Corps, mais sur l'*Electron*, c'est-à-dire *sur l'Electricité négative*, sur cette *Electricité présente dans tous les Corps;* il en résulte que le Pendule H. M. peut osciller ou tourner sur toutes les manifestations des Champs spectraux; sa longueur de fil est de 0,12 centimètres seulement et son poids de masse est de 26 grammes (alors que le poids de masse de l'Hydrogène est de 30 grammes, et que le poids de masse de l'Uranium est de 149 grammes); l'opérateur ne doit *jamais mettre ce Pendule en action :* *le Pendule* H. M. *gire ou vire spontanément;* il se met toujours en action dans les trois premières secondes de présentation.

La Baguette. — Un seul genre de Baguette peut être utilisé par les praticiens sérieux : c'est la *Baguette courte en baleine polaire*, dont j'ai longuement parlé dans *Les Instruments d'Etude du Rayonnement de la Matière.*

Les temps ne sont plus où l'Académie pouvait définir la Baguette dans son Dictionnaire : « Une branche de coudrier fourchue ». La Baguette en coudrier fut, il est vrai, employée pendant environ cinq siècles; on s'en servait déjà au Quinzième siècle pour la recherche des Eaux souterraines et des Gîtes miniers; au Dix-Septième Siècle, un professeur au Collège du cardinal Le Moine, l'abbé de Vallemont, écrivait dans son *Traité de la Baguette :* « Entre les différentes manières dont on se sert pour découvrir les Eaux et les Minières *celle de la Baguette est la meilleure* », il citait les « témoignages de plusieurs savants »; il écrivait : « Voici *une nuée de témoins, qui ont regardé la Baguette, comme une chose dont on pouvait se servir dans la recherche des rameaux d'Eau et des Métaux;* quelques-uns même en élèvent l'utilité avec des termes magnifiques et tiennent qu'il n'y a *rien dans la Nature de plus merveilleux,* et qui mérite mieux l'attention des Philosophes; ... Basile Valentin, qui était fort savant dans les choses naturelles (1626), « en croyait l'usage si naturel, qu'il n'a point fait scrupule d'enseigner comme il se faut servir de la Baguette, puisqu'il en a composé Sept Chapitres entiers de son Testament »; — Peucer, qui estime que le coudrier a quelque sympathie naturelle et secrète avec les métaux; — Keckerman, qui dit que « les ouvriers concluent qu'il y a des veines de quelques métaux là où la Baguette s'incline; — Simon Maiole, évêque de Volturata dans le Royaume de Naples, qui s'exprime ainsi : « Cette Baguette tourne, quand les ouvriers passent par-dessus les endroits où il y a des métaux »; — Pierre Belon, du Mans, appelle la Baguette Caducée par allusion à la Baguette que l'on représente dans la main de Mercure; — Rodolphe Glauber, chimiste allemand, qui découvrit le sulfate de soude (sel de Glauber) et fabriqua un véritable rubis (1658), s'était servi d'une Baguette pour découvrir des métaux, et il écrivait : « *Comme cette méthode est fondée sur la Physique, on la doit* — sans doute — *préférer à toutes les autres manières »:* Glauber avait raison.

Le baron de Beausoleil, sur l'invitation de Pierre de

Beringhen, premier valet de chambre de Henri IV, fut en 1602, appelé en Guyenne pour en reconnaître la valeur minière; et, en 1626, il fut appelé en France par le marquis d'Effiat, surintendant des Mines du Royaume; le baron de Beausoleil et Martine de Bertereau, son épouse, devaient continuer leurs recherches de Mines; leur trousse opératoire comprenait 16 instruments importés d'Italie : parmi ces 16 instruments figuraient 7 *Baguettes métalliques;* chacune de ces Baguettes était destinée à la *recherche d'un métal déterminé* : la *Lumineuse* devait permettre de trouver l'*Or;* — l'*Eblouissante,* l'*Argent;* — la *Sautante,* le *Cuivre;* — la *Frappante,* l'*Etain;* — la *Trépitante,* le *Plomb;* — la *Tombante,* le *Fer;* — la *Relevante,* le *Mercure;* on ne saurait dire que ce matériel n'était pas sérieux, puisque de 1602 à 1640, le Baron de Beausoleil trouva de l'Or, de l'Argent, du Cuivre, du Cristal dans les Pyrénées; — outre de l'Or, de l'Argent et du Cuivre, du Fer, et du Plomb argentifère dans le Comté de Foix; — du Charbon vers le Rhône; — du Fer, de l'Antimoine, du Zinc, du Soufre dans le Comté d'Alez; — des Grenats, des Rubis, des Turquoises dans le Quercy; ces recherches avaient coûté au baron 300.000 livres; il fut mal récompensé de ses initiatives, car, par ordre du cardinal de Richelieu, le baron de Beausoleil fut enfermé à la Bastille où il mourut vers 1645; Martine de Bertereau avait été emprisonnée au donjon de Vincennes.

Malgré les merveilleux succès du baron de Beausoleil, je ne saurais recommander l'emploi de Baguettes métalliques. Pourquoi? Parce que, inventeur de deux Baguettes métalliques, l'une en Fer ou en Nickel, l'autre en Cuivre, en Zinc, ou en Argent, le sourcier Jansé, après une trentaine d'années de déceptions, préféra les *Baguettes en baleine* que je lui avais recommandées; avec les Baguettes métalliques, il ne pouvait procéder ni à des identifications ni à des analyses.

Je ne saurais donc trop recommander l'usage de *Baguettes neutres*, telles les *Baguettes en baleine;* mais n'importe quel genre de Baguette en baleine ne peut être utilisé. La Baguette en baleine, *Baguette de précision*, doit avoir une longueur déterminée, avoir de préférence 0,32 centimètres de longueur (rarement 0,33 centimètres); le diamètre des 2 tiges doit être de 0,004 millimètres; les Tiges, qui doivent être parfaitement rondes et noir mat, ne doivent être tachetées d'aucun point blanc ou vert, même microscopique; les deux Tiges doivent être ligaturées à l'aide d'un fil souple de *lin blanc de neige;* la ligature peut couvrir de 0,05 à 0,06 centimètres, formant tête de la Baguette en s'arrêtant à 0,01 centimètre de l'extrémité des Tiges; une bonne Baguette peut durer plusieurs années sans se gauchir, sans que les Tiges se courbent; telle est la *Baguette en baleine polaire*, dite *Modèle Henri Mager.*

Va-t-il nous suffire d'avoir une bonne Baguette *pouvant faire ressort*, pouvant, dans de certaines conditions, *jaillir hors des mains* avec une grande violence et s'échapper ([1]) *comme une flèche?* Notre Bagage sera-t-il limité à une Baguette Modèle H. M.? A notre *Baguette de précision*, nous ajouterons nos *Masses d'accord* et nos *Couleurs d'accord*, car, avec le concours de ces *Masses*

1. Voir: Fig. 112, Page 264 de *Les Sourciers et leurs Procédés* (4e Édition).

et de ces *Couleurs* nous pourrons *identifier* et *analyser* tous les Corps radiants rencontrés et *accrochés* dans l'Espace par la Baguette.

Mes Masses d'accord. — Comment peuvent être établies ces Masses? Très simplement. Voici d'ailleurs mes Procédés, plus ou moins secrets jusqu'ici.

Dans une feuille raisin (48 × 63) de papier Ingres *noir mat* (n° 18), je découpe un certain nombre de *disques* d'un diamètre de 4 ou 5 centimètres; *chaque disque noir mat* aura même valeur qu'*une Unité atomique.*

Si je veux rechercher du Lithium, dont la Masse atomique (ou Poids atomique) est de 7 Unités atomiques, je grouperai 7 Disques noir mat, ces Disques *superposés* formant bloc; je les mets généralement dans une boîte de buis ronde, plate, et d'un diamètre intérieur égal au diamètre des Disques.

Lorsque je veux rechercher si une Eau minérale est dotée d'Iode, je mets, l'un sur l'autre, dans une boîte de buis, 128 Disques noir mat, la Masse atomique de l'Iode étant de 128 Unités; si un Courant souterrain d'Eau minérale recèle de l'Iode, même avec une douzaine ou plusieurs douzaines d'autres Corps, *la Baguette* H. M. *frémira*, lorsque, tenant en main gauche une boîte de buis contenant 128 Disques noir mat, *je franchirai* le Plan PV, parallèle au courant souterrain d'Eau minérale ([1]).

Avec une provision de quelques Centaines de Disques noir mat, je pourrai identifier, par leur Masse, tous les Corps simples.

1. Voir : Fig. 54, Page 160 de *La Radio-physique* (2ᵉ Édition).

Et les Corps composés? — Pour identifier un Corps composé fait de 2 Corps simples, tel, par exemple, un Chlorure de Sodium (ClNa), il suffira de mettre en contact, dans la main gauche, contre la Tige gauche de la Baguette, une boîte de buis contenant 35 Disques noirs (la Masse atomique du *Chlore* étant de 35 Unités atomiques) et une boîte contenant 23 Disques noirs (la Masse atomique du *Sodium* étant de 23 Unités).

Si le Corps composé est, par exemple, SiO^2, on mettra dans une boîte 28 Disques noirs (le Silicium étant de Masse 28); puis, dans deux autres boîtes, 16 Disques noirs (la Masse de l'Oxygène étant de 16 Unités atomiques); — ma Baguette courte, en baleine polaire, frémira, lorsque, tenant en main gauche (dans un certain ordre), les 3 boîtes, j'atteindrai les Plans azimutaux du Silicium et de l'Oxygène (le Plan azimutal du Silicium se rencontre un peu au-dessous de l'Ouest, l'opérateur venant du Nord, le Plan azimutal de l'Oxygène est un peu au-dessus de l'Ouest en venant du Nord ([1]).

Mes Couleurs d'accord. — Tous les *Corps rayonnent* et tous les Corps sont accompagnés d'un *Champ de décomposition et de dispersion* (des Éléments constitutifs). Pour connaître ces Éléments, évoquons le Champ spectral d'un Corps, du *Chrome*, par exemple, Corps simple ou Élément chimique considéré comme insécable. Dès que le fragment de Chrome pur est posé au sol, *dans un milieu neutre*, un vaste *Champ spectral*

---

1. Voir : Fig. 52, Pages 132-133, *Le Tableau des Manifestations azimutales*, dans *Les Instruments d'Étude du Rayonnement de la Matière*.

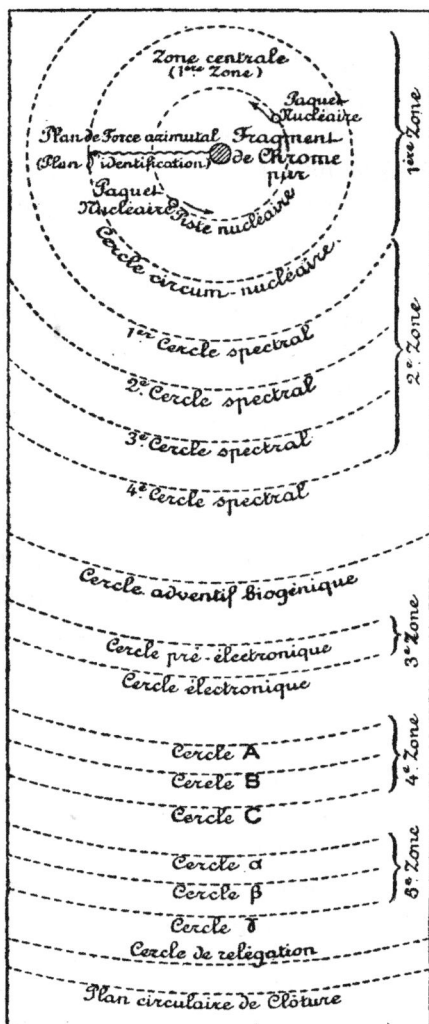

Fig. 1. — *Le Champ spectral de décomposition et de dispersion d'un Corps simple :* le Chrome : la Piste nucléaire positive (1ʳᵉ Zone) ; — la Piste électronique (3ᵉ Zone) ; — le Spectre normal (5ᵉ Zone).

s'éveille ; ce Champ est constitué par une *Manifestation azimutale* s'étendant à l'Ouest, et par 17 *Cercles concentriques* répartis sur 5 zones.

Dans la 1ʳᵉ Zone, au Centre du Champ spectral, *Piste nucléaire* sur laquelle circulent sans arrêt deux paquets nucléaires, à 180 degrés l'un de l'autre ; ces paquets nucléaires sont constitués par des *masses positives ;* ils évoluent en sens de marche contraire au sens de marche des aiguilles d'horlogerie ; à quelque distance de la Piste nucléaire, la Baguette en baleine polaire peut accrocher le Cercle circum-nucléaire, qui limite la première Zone ; la

deuxième Zone groupe 4 *Cercles spectraux;* sur le 1er,
manifestation des 2 Forces super-électriques de Haute-
Fréquence (la longue et la courte); — sur le 2e Cercle
spectral, manifestation des 2 Forces électriques (la négative et la positive); — sur le 3e Cercle, manifestation
des Noyaux atomiques para-magnétiques et dia-magnétiques; — sur le 4e Cercle, manifestation d'ensemble
des Eléments précédents, qui constituent l'atome de
Chrome.

Si l'on recherche la *vibration colorée* correspondant
à chacun de ces Eléments, on constate que le 1er Cercle
spectral (de la 2e Zone) vibre comme le *Violet foncé;*
que le 2e Cercle vibre *Blanc et Vert;* que le 3e et le
4e Cercles vibrent comme le *Violet clair.*

Dans la 3e Zone : le *Cercle électronique* vibre, non plus
comme les paquets nucléaires *positifs* de la *Piste nucléaire,* mais comme une *Piste négative parcourue par
des Electrons négatifs* (dont la vibration colorée correspond à celle du *Vert*); le Cercle pré-électronique de la
3e Zone présente une certaine relation avec le Cercle
circum-nucléaire de la 1re Zone.

Dans la 4e Zone, sur le Cercle A, rappel de l'ensemble
des Forces constitutives et des Noyaux; sur le Cercle B,
détermination de la Masse atomique; sur le Cercle C
détermination de la composition du Chrome en Hydrogène dua et en Coronium dua.

Les Cercles α, β, γ de la 5e Zone ont une importance
considérable, car leurs trois Couleurs (α = *violet,* —
β = *blanc,* — γ = *rouge*) permettent de constituer une
Pile colorée du Chrome, pile qui servira à *identifier* la
présence du Chrome, proche ou lointain; cette Pile

colorée traduit la manifestation énergétique, que j'ai nommée le *Spectre normal.*

Comme il est indispensable pour le Radio-physicien d'*identifier* toute manifestation, qu'il a *accrochée* avec sa Baguette courte en baleine polaire ; *pour identifier,* il faut porter un *Semblable* sur un point du parcours du Courant de décharge (provoquée par la Baguette). Dès 1919, j'ai fait connaître ma *Loi des Semblables ;* cette Loi avait été pressentie au cours du XVIIe Siècle ; mais elle n'avait jamais été nettement formulée. Je disais en 1919 : « Si, dans un Espace vibratoire (le sillon du Courant de décharge) est porté un *Corps ayant des vibrations semblables* à celles de l'Espace vibratoire, ce Corps n'en trouble pas les manifestations vibratoires » ; et, inversement : « Si dans un Espace vibratoire est porté un *Corps n'ayant pas des vibrations semblables* à celles de l'Espace, le Corps en trouble les manifestations ».

Que faut-il entendre par « Corps ayant des vibrations semblables » ou « Corps semblable », ou « Le Semblable »? On croyait au XVIIe et au XVIIIe Siècle qu'un Semblable doit être un *Corps matériel* identique au Corps cherché; cependant le Corps matériel, que l'on tient pour Semblable, est fort souvent *impur ;* et, de ce fait, il ne peut être utilisé.

Il fallait trouver mieux que le Semblable matériel; c'est alors que j'ai imaginé et combiné mes *Couleurs d'accord*, qui, depuis plus de 15 ans, ont fait leurs preuves quotidiennement, et m'ont donné, en toutes circonstances, pleine satisfaction.

Mes *Couleurs d'accord* reproduisent le *Spectre normal* des Corps simples. Jusqu'ici, pour évoquer le *Spectre d'émission*, les Physiciens doivent porter les métaux à une température élevée, parfois en employant, comme source calorifique, le Bec de Bunsen, parfois aussi en volatilisant les métaux dans l'Arc voltaïque ou avec l'étincelle de la Bobine d'induction ; Kirchhoff et Bunsen rendirent possible l'observation des *Spectres des vapeurs*, c'est-à-dire l'*Analyse spectrale*, en construisant, vers 1860, un Spectroscope à boîte de bois, et plus tard un Spectroscope à échelle photographiée.

Chaque *Corps simple* est caractérisé dans l'Analyse spectrale par des *Raies bien définies ;* cependant certains Corps donnent des Raies si nombreuses, qu'il est, dans bien des cas, difficile de les distinguer ; *le Spectre obtenu dépend de la Source calorifique ;* avec la flamme du Bec Bunsen, les Sels de Soude ne donnent qu'une raie jaune (ou 589); l'étincelle d'induction donne les 4 Raies : α, β, γ, δ; l'emploi des flammes ne fournit pas, pour les métalloïdes, des Spectres d'émission réguliers; *suivant la température utilisée*, l'Iode donne 2 Spectres distincts.

Or, pour obtenir le Spectre des Métaux et des Métalloïdes que j'ai nommé *Spectre normal*, il n'est nullement nécessaire de volatiliser ces Corps; *tous les corps possèdent à la température ordinaire un Spectre normal caractéristique.*

Les *Éléments du Spectre normal* doivent être recherchés *dans la* 5e *Zone* sur les Plans circulaires α, β, γ, δ (*fig.* 1). Lorsque le nombre des Cercles aura été déterminé et leurs positions repérées, très exactement, à un centimètre près, une opération plus délicate devra être effectuée; à savoir : reconnaître à quelle couleur, ton ou nuance, chacun de ces Cercles correspond. Pour effectuer cette détermination, on aura préparé à l'avance un certain nombre de *Disques de touche,* c'est-à-dire de disques de diverses *couleurs, tons* ou *nuances ;* on aura placé chacun de ces disques dans une boîte de bois, ronde, dont la cavité intérieure sera de même diamètre que les disques colorés : on pourra préparer 60 Disques environ ; 12 Disques violets de nuances graduées, — 12 Disques bleus et indigo, — 12 Disques verts, — 12 Disques jaunes ou orange, — 12 Disques rouges, — avec, en outre, quelques Disques noirs (mat ou glacé), — et quelques Disques blancs. Les boîtes de bois étant préparées et les Disques colorés étant mis, chacun dans une boîte, le Praticien pourra songer à rechercher *la correspondance colorée,* c'est-à-dire la *valeur vibrante* des Plans cylindriques concentriques α, β, γ, δ.

Le tracé des Plans cylindriques α, [β, γ, δ, ..., ayant été marqué au sol, le praticien auscultera d'abord le Plan α, en portant vers ce Plan sa Baguette mise, cette fois, en contact avec une boîte recélant un disque coloré ; si un frémissement de la Baguette se produit exactement au-dessus du Plan circulaire, dont l'emplacement a été déterminé, et marqué au sol, on devra conclure que la vibration du Plan α est identique à la vibration de la couleur contenue dans la *Boîte auscultante ;* s'il y a un retard de frémissement (si le frémissement s'annonce un peu au delà du Cercle), il convient de rechercher avec une autre teinte un accord parfait.

Par ce procédé on pourra déterminer la valeur vibrante des Plans α, β, γ, δ ; le *groupement de ces valeurs colorées,* le groupement de Disques colorés (leur superposition dans l'ordre α, β, γ, δ) constituera un *Semblable au Spectre normal* du Corps simple étudié.

Le *nombre des Cercles* de la 5ᵉ Zone, et, par suite, le *nombre des Couleurs* entrant dans la constitution d'un Spectre normal peut s'élever jusqu'à 8.

Ne comprennent qu'Un seul Cercle (Iode, Molybdène...), — que Deux Cercles (Nickel, Tungstène...), — que Trois Cercles (Zinc, Cadmium...), — que Quatre Cercles (Uranium, Antimoine...), — que Cinq Cercles (Sodium, Potassium...), — que Six Cercles (Chlore, Oxygène...), — que Sept Cercles (Argent, Phosphore...), — que Huit Cercles (Carbone, Bore...). La détermination du *Spectre normal* d'un Corps simple est ainsi d'une très grande simplicité. En groupant les *Piles atomiques*, on pourra constituer des *Piles moléculaires* permettant de reconnaître la présence de molécules, tels As^4, — Az^2, — C^2, — Cl^2, — F^2, — H^2, I^2, — P^4, — ou de Corps composés, tels : CaO, — CaS, — CaC^2, — CO^3Ca...

Mes *Couleurs d'accord* ont fait leur preuve quotidiennement depuis plus de dix ans; en 1928, j'avais à l'aide de mes *Masses d'accord* et de mes *Couleurs d'accord*, identifié des manifestations d'Or et d'Argent en Vendée; un puits avait été entrepris pour vérifier la précision de mes Procédés; jusqu'à 35 mètres de profondeur des roches diverses furent rencontrées; parmi ces roches dominaient des formations de Silicate de magnésie ; vers 35 mètres 50, j'avais reconnu le proche voisinage de l'Or et de l'Argent, accompagnés d'autres métaux, notamment de Platine; à 36 mètres le filon pressenti fut atteint; de 36 mètres à 48 mètres furent remontés de l'Or, de l'Argent, du Platine, avec du Rhodium, du Ruthénium, du Palladium, de l'Osmium, de l'Iridium.

Des échantillons de roches, prélevés un peu au hasard sur le carreau, furent portés, à fin d'analyse, à des spécialistes en Métaux précieux : un Essayeur du commerce donna ce Bulletin d'Analyse le 3 Mai 1929 : Or 18 gr. 4 (à la tonne), Argent 24 gr. 6; des échantillons, remis à des Fondeurs le 7 mai, donnèrent 75 grammes de Platine à la tonne; — un dosage d'Argent demandé à l'Ecole nationale supérieure des Mines donna 600 grammes d'argent à la tonne (Bulletin nº 2671 du 18 juin); — des fragments de minerai, provenant d'un même bloc, furent remis le même jour (en juillet 1929) à un Fondeur, à un Essayeur, à l'Ecole supérieure des Mines; les Bulletins d'Analyse portèrent :

pour le Fondeur : Or 37 gr. 5; Argent 112 gr.; Platine, 12 gr. 1,2 à la tonne;

pour l'Essayeur : Or, 36 gr.; Argent 170 gr.; Platine, 16 gr. à la tonne;

pour l'Ecole des Mines : Or, 36 gr.; Argent, 54 gr.; Platine, 10 gr. à la tonne.

Lorsque je fus appelé, en 1923, à Plombières, pour tenter d'augmenter le volume des Eaux utilisables par les Etablissements de cette Station hydro-minérale, je pus, grâce à mes *Masses d'accord*, et à mes *Couleurs d'accord*, reconnaître l'existence d'un Griffon inconnu; je pus repérer son trajet et certifier qu'il était *plus radioactif, plus chargé en gaz rares*, notamment en Argon et en Xénon, et de *plus haute thermalité, que les griffons voisins;* ces affirmations furent reconnues exactes; lorsque le Griffon (du Perron de l'Etablissement Stanislas) fut attaqué et atteint, il donna de l'Eau à 80 degrés (alors que la température des Griffons voisins, Source Vauquelin et Source du Robinet romain, n'est que de 65° et 67°); mon Griffon donna chaque jour 73 mètres cubes d'Eau, alors que Vauquelin n'apporte que 6 mètres cubes par jour et le Robinet romain 23 mètres; les Gaz rares de mon Griffon élevèrent le pouvoir thérapeutique des Etuves.

Appelé à Aix-en-Provence, — où nul géologue n'avait pu indiquer la moindre Eau minérale, en dehors de la Source Sextius, — on me demanda de donner à cette Station hydro-minérale une nouvelle venue d'Eau en tenant compte de cette triple nécessité : 1° Eau radio-active; 2° d'une Thermalité de 35°; 3° avec Débit élevé ; mon arsenal opératoire me permit de déterminer le passage à très faible profondeur (4 mètres) d'un Courant d'eau donnant satisfaction complète aux 3 exigences formulées : Eau radio-active, à 35 degrés, d'un débit journalier de 400 mètres cubes.

Ayant été appelé à Mandelieu (Alpes-Maritimes) en janvier 1933 pour donner des instructions relatives à l'achèvement du Puits exécuté dans cette commune sur mes indications, je pus écrire dans le Rapport que je déposais à la Mairie le 18 janvier : « J'avais annoncé en 1931, lors de ma première venue à Mandelieu, que, en fonçant un puits au point précis que je venais d'indiquer et de marquer sur le terrain : 1° on rencontrerait un *Courant d'Eau souterraine ; — 2° entre 17 et 20 mètres* de profondeur; — 3° que ce Courant, provenant d'une montée d'Eau en diaclase, très puissante, *pourrait donner plus de* 1.500 *mètres cubes d'Eau par jour ; — 4° que*

l'*Eau* de ce courant serait *extrêmement pure* et d'une
pureté peu commune. Or, le puits exécuté au point par
moi indiqué : 1º a rencontré le Courant d'Eau par moi
repéré ; 2º l'a rencontré vers 17 mètres ; 3º ayant donné
au début 1.200 mètres cubes d'Eau par jour, débit de
beaucoup dépassé actuellement, du fait que l'Eau est
montée jusqu'au niveau du sol, comme j'avais annoncé
qu'il ferait ; 4º la qualité de l'Eau a été reconnue excel-
lente à la suite des Analyses qui ont été faites ».

Ainsi, j'ai établi des *Masses d'accord* et des *Couleurs
d'accord*, dont la vibration correspond à la vibration
caractéristique de chacun des Corps simples, et qui,
par groupement, peuvent correspondre à la vibration
caractéristique de tout Corps composé ; j'ai aussi combiné des *Couleurs d'accord* donnant mêmes vibrations
que l'*Electricité positive*, que l'*Electricité négative*, que
ces deux *Forces de Haute-Fréquence*, que j'ai dénommées
Super-électricité longue et Super-électricité courte ; j'ai
combiné, en outre, des Piles colorées ayant mêmes
vibrations que l'Ether stable impondérable et que les
2 états d'Ethers tourbillonnaires vibrant comme de la
Matière.

Henri MAGER.

POUR PRATIQUER
LA RADIO-PHYSIQUE

PREMIÈRE PARTIE

L'ÉTHER

L'Ether. — Que nomme-t-on Ether? Le mot Ether vient du latin Aether, qui signifiait « Feu élémentaire »; le mot grec αιθηρ désignait l'air pur et subtil des régions supérieures; au VIᵉ Siècle avant l'Ere actuelle, le philosophe grec Pythagore, de Samos, considérait l'Ether comme l'âme du Monde, « d'où sont tirées toutes les âmes particulières ».

Dans la première Edition du Dictionnaire de l'Académie, édition parue en 1694, était donnée cette très vague définition : « Aether, Substance subtile, et *Fluide des Philosophes* » l'astronome hollandais Christian Huyghens venait cependant de reconnaître que l'*Ether propage les Ondes lumineuses.*

Donc, l'Ether existe : cependant dans la septième Edition de son Dictionnaire, en 1877, l'Académie demeurait encore incertaine : « Beaucoup de Physiciens *supposent* que ce fluide invisible est répandu partout »... « ce fluide, ils le regardent comme *la cause de la Lumière, de la Chaleur, de l'Electricité* ».

Même réserve dans le Dictionnaire de Littré paru aussi en 1877 : « *Fluide hypothétique*, invisible, impondérable, éminemment élastique, que beaucoup de Physiciens modernes ont *admis pour expliquer* les phénomènes de la Lumière et de la Chaleur, fluide qu'ils *supposent* remplir les vides des Corps et les Espaces intermédiaires ».

Dans le *Larousse universel* de 1922, il n'est plus question de fluide hypothétique, on lit : « *Ether :* Fluide impondérable, élastique, qui remplit les Espaces, pénètre tous les Corps et que les Physiciens regardent comme l'*agent de transmission de la Lumière, de la Chaleur, de l'Electricité* ».

En 1927, au cours de la cession du Haut-Conseil de Physique, le professeur Arthur Campton, de Chicago, disait : « La théorie classique, d'après laquelle *le Rayonnement consiste en Ondes électro-magnétiques*, qui se propagent à travers l'Espace dans toutes les directions, est intimement liée à l'idée d'Ether ; — *si la Lumière est réellement un mouvement ondulatoire*, il doit y avoir *un milieu* pour propager le mouvement, sans quoi la notion d'Onde n'aurait pas de signification ».

Le Professeur Lorentz, de l'Université hollandaise de Leyden, ajoutait : « La notion d'un Champ électro-magnétique, avec ses Ondes et ses Vibrations, nous ramène à la conception d'un Ether ».

Pour le professeur Sody, de l'Université d'Aberdeen : « L'Ether est l'Espace doué de propriétés physiques ». Au sujet des mots « L'Ether est l'Espace ..... », Sir Oliver Lodge a écrit : « *L'Ether*, sous ses formes d'Energie variées, *domine la Physique moderne*, bien que beaucoup préfèrent *éviter le mot Ether*, en le remplaçant par le mot *Espace* ». Pour ce qui le concerne, le professeur Soddy, corrigea sa première formule en écrivant : « *L'Ether, dont personne ne saurait nier l'existence.....* ». Sir James Jeans a, dans son ouvrage *Le Mystérieux Univers*, montré l'intérêt que présente l'étude intime de l'Ether : « On fera bien d'examiner avec soin *les propriétés physiques de l'Ether ou des Ethers*, puisque c'est en eux que doit se cacher *la véritable nature de l'Univers* ».

L'Ether est, en réalité « un je ne sais quoi », qui ne ressemble à rien autre ; or, nous, qui ne connaissons du monde extérieur que ce que peuvent saisir nos sens, nos agents d'information, nous ne possédons, parmi nos impressions accumulées, aucun terme de comparaison, même lointaine, avec *l'Ether, qui ne ressemble à rien autre;* il en résulte que nous ne pouvons guère concevoir l'essence de ce *milieu invi-*

sible, impalpable, impondérable, homogène, et *non physiquement perceptible,* dit-on.

Le Professeur A. Boutaric écrivait en 1912 dans son ouvrage
La Lumière et les Radiations invisibles : « Il est des problèmes
qui échappent à la Science ; ..... *nous ne savons,* en somme,
rien de cet Ether, pas même s'il existe »; et plus loin :
« ... L'Ether ne saurait être comparé à un Fluide et assimilé
à un Gaz ultra-raréfié ».

En 1929, le professeur norvégien Carl Störmer écrivait
dans son ouvrage : « *De l'Espace à l'Atome :* « Que sont
les vibrations de l'Ether? Jetons une pierre dans un étang
tranquille et regardons les Ondes qu'elle provoque ; *elles se
propagent sous forme de cercles* à partir de l'endroit où la
pierre est tombée dans l'Eau, et cela avec une certaine vitesse ;
la distance d'une crête à l'autre s'appelle *longueur d'onde;*
..... la vitesse des vibrations de l'Ether est inouïe, 300.000 kilomètres par seconde ; .... *les vibrations de l'Ether* ont lieu dans
quelque chose que nous ne connaissons pas, mais qui doit
remplir l'Espace, non seulement l'Espace vide de l'Univers,
mais aussi l'Espace compris entre les atomes et même entre
les corpuscules formant les atomes; ce quelque chose sur
lequel nous ne connaissons rien de plus, nous l'appelons
l'Ether ; .... mais *qu'est-ce que l'Ether? Cela nous ne le savons
pas* ».

Dès 1923, dans la première Edition de mon ouvrage *Une
Science nouvelle,* j'avais formulé une conclusion très nette en
spécifiant : « *L'Ether est partout dans l'Infini; il est à l'origine
des Forces constitutives de la Matière; il est la base de la
Matière* ».

Dans mon Opuscule de 1925 sur la *Genèse des Atomes,* développant mon affirmation de 1923 : « L'Ether est la base de la
Matière », je disais : « *Les Eléments constitutifs de la Matière
ne sont rien autre que de l'Ether en état tourbillonnaire* ».
J'affirmais, là où *le docteur Le Bon n'avait que hasardé une
hypothèse* dans son ouvrage sur L'*Évolution des Forces,* lorsqu'il écrivait : « Les Corps sont constitués par une réunion
d'atomes, composés chacun d'un agrégat de particules en rota-

tion *probablement* formées de Tourbillons d'Ether ». Je
terminais sur ces mots : « Si le Tourbillon d'Ether dont est
fait l'atome cessait sa rotation, il se fondrait en Ether : *Tout
s'élève de l'Ether et retombe en Ether* ».

Comment avais-je été conduit à formuler ces conclusions?
Un jour que je tentais de reconnaître quelles manifestations
pourraient résulter de l'assemblage de certains Disques, de
Disques en cartes colorées ou bien de Disques blancs et
noirs, j'avais constitué une Pile de Disques, composée de
deux Disques noirs mats et de deux Disques blancs, les noirs
étant au centre ; or, il advint ceci : *lorsque je m'approchais
d'un Corps*, ayant en main gauche la Pile des 4 Disques,
noirs et blancs, disposée dans une boîte de même diamètre
en buis, qui était appuyée contre la branche gauche de ma
Baguette en baleine, un Courant de Forces s'éveillait allant
du Corps à la Pile, la Baguette frémissait (¹) ; elle frémissait
que je m'approche d'un Gaz (en flacon), d'un Liquide ou
d'un Corps solide, dans tous les cas, ma Baguette frémissait,
et, par ses frémissements, attestait que les *Courants de Force*,
issus des Corps auscultés, avaient même valeur que ma Pile
auscultrice, conformément à la Loi des Semblables.

Que conclure de cette similitude d'action de tous les Corps
auscultés? Serait-ce que tous les Corps auscultés étaient
constitués par l'Entité auscultrice? L'entité auscultrice (la
Pile) serait-elle *la formule de l'Ether?*

Avais-je pu rencontrer la formule de l'Ether? Modifiant
les conditions de l'expérimentation, je retirai à la Pile noir et
blanc son rôle d'*auscultrice* pour lui donner le rôle d'*auscultée.*
Je pris comme auscultrice une Colonne composée de 4 Piles

---

1. Jadis, au xvii⁰ Siècle, les Sourciers, qui se servaient de Baguettes
en coudrier, laissaient leur baguette s'élever, tourner, décrire un demi-
cercle, un cercle ou plusieurs cercles ; ces Sourciers avaient grandement
tort, car, bien inutilement et fâcheusement, ils chargeaient leur corps des
radiations du Milieu radiant, ou du Corps radiant ; aujourd'hui, on doit
considérer la Baguette en baleine comme un *appareil de précision* des-
tiné à saisir, par simple tâtonnement, la présence d'un Rayonnement,
qui fait frémir la Baguette ; dès que la Baguette a frémi, son rôle d'aver-
tisseuse, d'accrocheuse est terminé : il reste à identifier.

de Forces, les 2 Forces électriques, classiques, la positive et la négative et les 2 Forces Super-électriques de Haute-Fréquence.

La Baguette, en contact avec la Pile des Forces auscultrices, frémit ; or elle ne peut frémir que *si l'auscultée a même valeur énergétique que l'auscultrice ; l'auscultrice* avait pour valeur *l'Ether* (représenté par les 4 Forces électriques et superélectriques, qui en émanent, et, à un autre point de vue, le reconstitue) ; donc *l'auscultée* mise au Sol (la Pile de 2 Disques noirs et 2 Disques blancs) ne pouvait être qu'une *Pile manifestant comme l'Ether.*

L'Ether n'est donc plus une « Cause mystérieuse », ou une « Substance indéterminée », ou un « Fluide étrange » ; *la Pile de l'Ether va nous permettre d'étudier l'Ether, de scruter l'Ether.*

Je viens d'écrire « La Pile va ......». En réalité, il existe

FIG. 2. — *Les 7 Piles principales ayant mêmes manifestations que l'Éther :* que l'Éther stable.

(*fig.* 2) 8 Piles d'Ether constituées à l'aide de Disques colorés, à savoir :

1° Rouge sur Blanc, Blanc et Rouge ;
2° Rouge sur Blanc, Blanc et Violet ;
3° Rouge sur Jaune, Vert et Violet ;
4° Violet sur Blanc, Blanc et Rouge ;
5° Jaune sur Rouge, Violet et Vert ;
6° Blanc sur Noir, Noir et Blanc ;
7° Blanc sur Orange et Blanc ;
on pourrait ajouter :
8° Un certain Orange.

Toutes les Pièces de Monnaie en Nickel de 0,25 centimes, trouées, ne donnent pas le Champ spectral de l'Ether ; cependant, nombre de pièces des millésimes 1928, — 1930, — 1931,

— 1933, évoquent *le Champ spectral de l'Ether,* dès qu'elles sont mises au sol; on peut remplacer avantageusement les Pièces de Nickel, par des *Disques de bois,* dont le diamètre serait de 4 à 5 centimètres, dont l'épaisseur serait de 5 millimètres qui seraient tournés dans un bois très dur, tel le buis, et dont le *trou central* serait de 4 à 5 millimètres de diamètre; — un tel Disque donne exactement le même Champ spectral que les Piles colorées, Champ spectral caractérisé par 4 Cercles spectraux vibrant: le Premier comme *les Forces constitutives de la Matière* (les Forces électriques et super-électriques); — le Deuxième comme tous *les Corps inorganiques*; — le Troisième, comme les *Couleurs de toutes nuances,* y compris l'Ultraviolet et l'Infra-rouge; — le Quatrième comme *les Corps organiques,* tels que les Corps vivants, tels les Corps microbiens, les Corps végétaux, les Corps animaux et le Corps humain (*fig. 3*).

Ce penseur audacieux, que fut Robert de Lamennais, était dans la vérité physique, au début du XIXᵉ Siècle, lorsqu'il écrivait que : « *Tout Etre,* en ce qui le constitue physiquement, *n'est que de l'Ether condensé* ».

Finalement l'Ether est le *Principe premier,* — *Principe ou Origine de Tout ce qui Est;* — ce Principe est impondérable; — il n'éprouve, et ne cause ni attraction, ni répulsion; il pénètre toute Matière, comme l'Eau pénètre l'éponge; il occupe tous les Espaces.

Lord Kelvin entrevoyait les réalités, lorsqu'il écrivait : « L'Ether n'est pas une création imaginaire du philosophe; l'étude de cette substance, *qui pénètre Tout,* est peut-être *la tâche la plus captivante et la plus importante de la Physique*». M. Emile Picard, Secrétaire-perpétuel de l'Académie des Sciences et Président de la Société Française de Physique, se prononçait de même, en faveur de l'Ether, lorsqu'il écrivait : « Les Savants les plus éminents n'avaient aucun doute sur l'existence de l'Ether ».

L'*Ether* me semblait être une *Energie immobile* et *les Forces* des *Energies en état tourbillonnaire;* j'établis une expérimentation, qui me paraissait pouvoir trancher cette importante

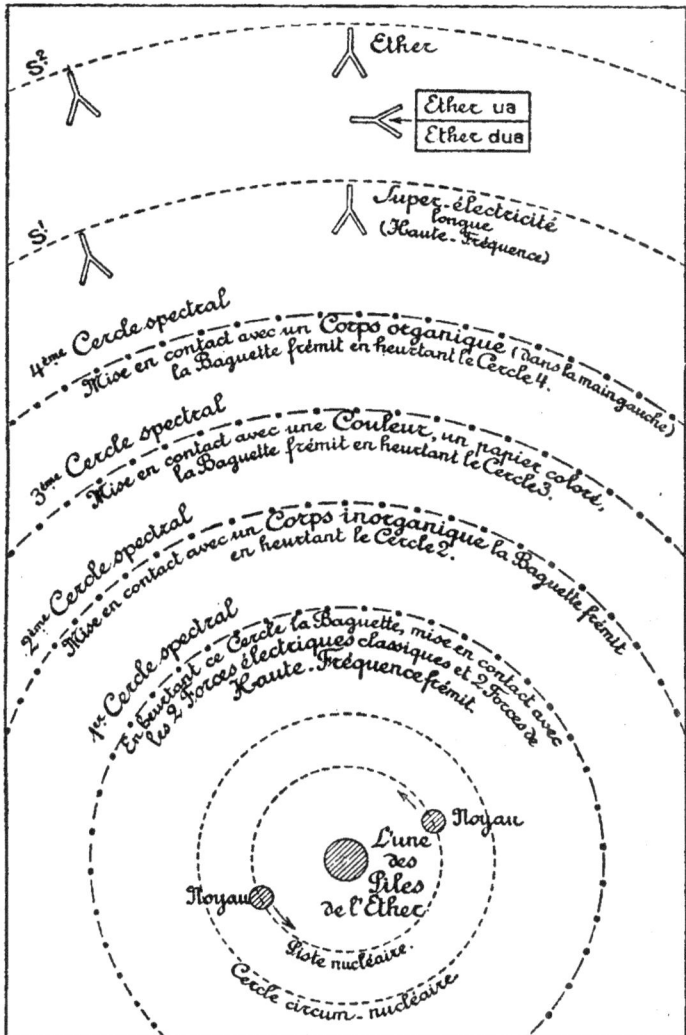

Fig. 3. — *Le Champ spectral de l'Éther* : le 1ᵉʳ Cercle vibre comme les 4 Forces constitutives de la Matière ; le 2ᵉ Cercle vibre comme les Corps inorganiques ; le 3ᵉ Cercle vibre comme les Couleurs ; le 4ᵉ Cercle vibre comme les Corps organiques, comme Tout ce qui Vit.

question. Je pris un phonographe à disque, sans pavillon; j'eus soin d'écarter l'aiguille de tungstène et le bras d'acier; sur le plateau immobile je posai une des Piles de l'Ether; à ce moment *une manifestation s'éleva au Nord ;* elle était attaquable *en marche indirecte ;* elle fut identifiée à l'aide d'une autre Pile d'Ether; elle manifestait comme l'Ether. Cette observation terminée, laissant la Pile de l'Ether sur le plateau, *je déclanchai le mouvement tournant ;* dès que le plateau commença à tourner, la manifestation du Nord s'évanouit; à la manifestation unique précédente *venaient de succéder quatre manifestations :* l'une au Nord, les autres à l'Est, au Sud, à l'Ouest, —toutes les 4 attaquables *en marche*

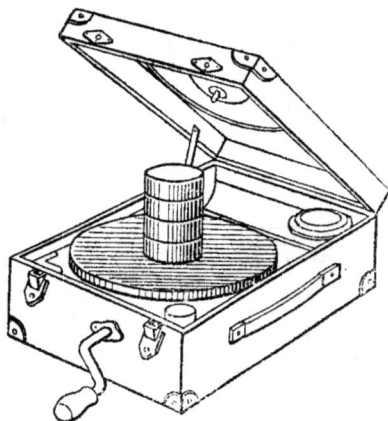

Fig. 4. — *L'Éther en état stable et en état tourbillonnaire :* en état stable, l'Éther manifeste Éther et est accompagné d'une manifestation cardinale au Nord ; — en état tourbillonnaire, l'Éther manifeste au Nord, comme la Super-électricité courte ; au Sud comme la Super-électricité longue ; à l'Est comme l'Électricité négative ; à l'Ouest comme l'Électricité positive.

directe ; l'identification accusait au *Nord* de la *Super-électricité courte ;* — au *Sud* de la *Super-électricité longue ;* — à l'*Est* de l'*Electricité négative ;* — à l'*Ouest* de l'*Electricité positive.*

Cette expérimentation démontrait évidemment que l'*Ether immobile* manifeste *Ether stable*, et que l'*Ether en mouvement tourbillonnaire* manifeste *comme les 4 Forces dites constitutives.*

Toutefois l'Ether non stable peut se présenter sous un certain aspect autre que celui des Electricités; il y a *deux Ethers tourbillonnaires antagonistes*, que j'ai dénommés l'un *ua*, l'autre *dua ;* la Pile ayant même Rayonnement que l'Ether *ua* doit être faite de 4 Disques, dont les couleurs sont : *vert tendre, blanc, rouge* et *violet ;* la Pile de l'Ether *dua* est faite des mêmes

Disques colorés renversés (par suite, le disque violet est au sommet et le disque vert à la base).

Les Ethers *ua* et *dua*, au lieu de vibrer sur un Cercle, vibrent fréquemment sur une ou plusieurs zones du Champ spectral.

Ainsi, dans une salle chauffée par un poêle à combustion lente, on pourra constater, sur une dizaine de mètres, la présence de l'Ether stable lié à l'Ether *ua* et à l'Ether *dua* (pour faire cette constatation on mettra en main gauche contre la Tige gauche de la Baguette une Colonne groupant les 3 Piles : Ether *dua* au sommet, Ether *ua* et Ether stable à la base).

La Boussole radio-physique Henri Mager. — Pour agencer cette *Boussole*, je découpe *dans une feuille de bristol blanc* 16 *Disques* (d'un diamètre d'environ 4 ou 5 centimètres) et ensuite dans une *carte verte* 16 *autres Disques* (de même diamètre) : le *vert obligatoire* est un certain *vert d'eau pâle ;* pour vérifier si la *teinte verte* choisie est bonne, il convient de rechercher dans quelle orientation se manifestera le frémissement de la Baguette en baleine polaire ; si la teinte vert pâle utilisée est bonne, la Baguette frémira à l'Est (en marche directe, le sens de marche étant celui des aiguilles d'horlogerie) ; le frémissement devra se produire à 90° au delà du Nord magnétique.

Au début les 16 Eléments de Pile servaient à constituer

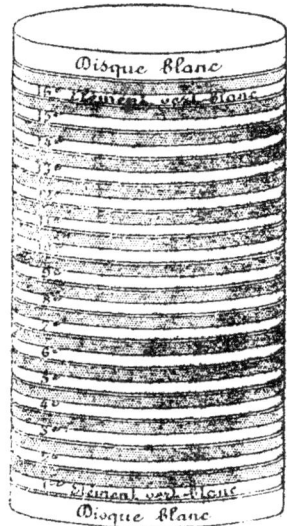

Fig. 5. — *La Boussole radio-physique de Henri Mager :* Boussole constituée de 16 Disques blancs (vibrant comme l'Électricité positive) et de 16 Disques verts (vibrant comme l'Électricité négative); les Disques verts sont placés sur les Disques blancs : jour et nuit, cette Boussole est accompagnée d'une manifestation cardinale au Nord, indiquant nettement la direction et le tracé du Méridien magnétique.

4 Piles ayant mêmes valeurs radiantes que l'*Electricité néga-*
tive (1 Elément de Pile), que l'*Electricité positive* (2 Eléments de Pile), que la Super-électricité longue (6 Eléments
de Pile), que la Super-électricité courte (7 Eléments de Pile);
plus tard, par simplification, on agença la Boussole en plaçant
16 *Disques verts sur* 16 *Disques blancs*, que l'on encadre par
un Disque blanc posé au sommet et un autre Disque
blanc glissé à la base. Dès que cette Boussole est posée au
sol, si, armé d'une Baguette en baleine polaire, on s'avance
vers le Nord en marchant en sens indirect (sens contraire
au sens de marche des aiguilles d'horlogerie), on sent une
Manifestation cardinale au Nord : cette manifestation, provoquée par la Boussole, est, en réalité, une *Manifestation de*
l'Ether, ce qui explique les avantages de cette Boussole, fort
légère, qui marque le *Nord magnétique*, de nuit comme de
jour, et même par la plus complète obscurité; dans ce der-
nier cas, on met la Boussole à terre et l'on recherche avec la
Baguette *la Ligne de heurts*, qui est *la Ligne méridienne*.

L'Evocation de l'Ether. — Nous avons constaté que
diverses Piles de Disques peuvent permettre d'*évoquer le*
Champ spectral de l'Ether; nous avons constaté, d'autre part,
que la *Boussole H. M. peut* permettre d'*évoquer la Manifesta-*
tion cardinale de l'Ether.

Il est un autre Procédé, indépendant de toute Pile, qui
permet, à défaut d'une *Boussole H. M.*, d'évoquer la manifestation cardinale de l'Ether, et, par suite, de connaître, la
direction du Nord magnétique.

On prend, la Baguette sans aucun Semblable, en main
gauche, et l'on tourne de 4 à 8 fois, sans arrêt, autour d'un
centre imaginaire; au 4e tour (ou selon l'ambiance du 4e
au 8e), la Baguette frémit, se cabre même, devant une ligne
se dirigeant, non pas à l'Ouest, mais à O.O.N.; si l'on recherche
la valeur radiante de cette Ligne d'action, on constate qu'elle
a même valeur que l'Electricité positive (+); si le praticien
continue à évoluer en tournant autour du centre imaginaire,
non loin de l'Est, il heurtera une seconde Ligne d'action, qui,

elle, est identifiable avec l'Electricité négative (—); si, ensuite, l'opérateur rompt le sens de sa marche pour marcher en sens contraire, il heurtera un peu au delà du Nord une Ligne d'action identifiable avec la Super-électricité courte; puis, un

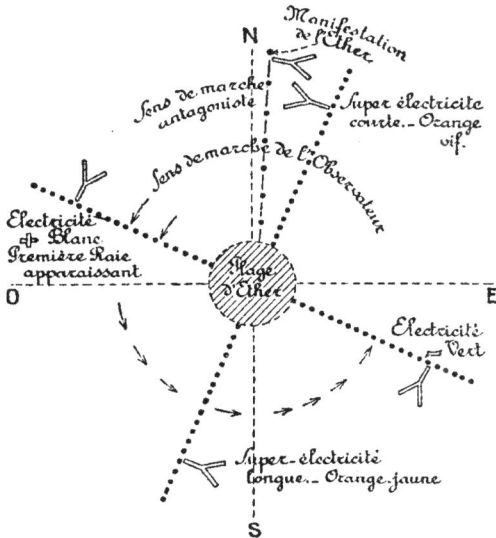

FIG. 6. — *Évocation de l'Éther et de son Champ spectral sans le concours d'une Pile spécialisée :* l'Éther est partout, l'Éther peut être évoqué partout.

peu au delà du Sud, une autre Ligne d'action identifiable avec la Super-électricité longue; s'il revient vers le Nord, il constatera la présence, en direction du Nord, de *la manifestation cardinale de l'Ether;* puis, s'il revient en arrière vers son centre de départ, il constatera que là s'est élevée une Plage radiante, de faibles dimensions, ayant *même manifestation que l'Ether.*

La présence de l'Ether au Nord pendant environ un quart d'heure (exemple de *rémanence*) permettra de nombreuses expérimentations intéressantes et notamment de puissantes actions d'amplification.

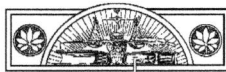

DEUXIÈME PARTIE

L'ÉLECTRICITÉ

LA SUPER-ÉLECTRICITÉ
DE HAUTE FRÉQUENCE
LE MAGNÉTISME

Les Forces électriques et les Forces super-électriques (de Haute-Fréquence). — J'avais écrit dès 1923 : « L'Ether est à l'origine des Forces constitutives de la Matière », et j'allais bientôt ajouter : « L'Ether est à l'origine des 4 Forces constitutives, c'est-à-dire à l'origine des 2 *Forces électriques classiques, la négative et la positive ;* à l'origine des 2 *Forces électriques de Haute-Fréquence,* la *Super-électricité longue* et la *Super-électricité courte* (de longueur d'Onde courte).

Pour démontrer l'exactitude de mes affirmations, j'organisai l'expérimentation de la figure 4; cette expérimentation démontrait évidemment que l'Ether immobile manifeste « Ether » et que l'Ether, mis en mouvement tournoyant, manifeste comme les 4 Forces constitutives.

Ce qu'est l'Electricité. — A cette question, le *Dictionnaire universel des Sciences,* de Bouillet, édition de 1864, répondait : « *Agent inconnu, cause des phénomènes d'attraction et de répulsion,* que présentent certaines substances, comme le verre, la soie, la résine, lorsque, après les avoir frottées, on les approche de Corps légers, par exemple de feuille d'or, de sureau, de sciure de bois, de barbes de plumes.

C'est au vi^e siècle, avant l'Ere actuelle que Thalès, le plus illustre des Sept Sages grecs, reconnut, le premier, que l'*ambre jaune* ou succin, en grec ἤλεκτρον (électron), frotté contre une étoffe, acquiert le *pouvoir d'attirer les Corps légers.*

Vingt-deux Siècles passèrent. Au xvie Siècle, William Gilbert, médecin de la Reine Elisabeth d'Angleterre, reconnut qu'une *Force active est développée par le frottement,* aussi bien dans le verre, les résines, le mastic, le soufre, que dans le succin. Plus tard, en 1729, un physicien anglais, Etienne Gray, entrevit, le premier, que les Corps électrisés par frottement reviennent instantanément à l'état neutre, lorsqu'ils sont mis en communication avec la terre ; que, cependant, ces mêmes Corps conservent leur Electricité, s'ils sont posés sur du verre, de la résine, du soufre.

Enfin, en 1734, Dufay de Cisternay, membre de l'Académie des Sciences, reconnut, à l'aide d'un Electroscope à feuille d'Or, *deux sortes d'Electricité,* l'une qui se développe par le frottement d'une résine et que l'on nomma *Electricité résineuse ;* le même savant établit que *deux Corps chargés de la même Electricité se repoussent* et que *deux Corps d'Electricité contraire* s'attirent ; Dufay n'avait pas vu que le même Corps peut prendre, suivant les circonstances, l'une ou l'autre Electricité.

Benjamin Franklin, qui, en 1751, inventa le paratonnerre, supposait l'existence d'un fluide impondérable, répandu sur tous les Corps ; les Corps, contenant *une quantité normale de fluide électrique,* se seraient trouvés *à l'état neutre ;* le frottement aurait déterminé un déplacement de fluide, qui aurait abandonné l'un des Corps pour se porter sur l'autre ; le Corps, qui acquerrait *un surcroît de fluide,* se trouverait *électrisé positivement* (+) et aurait une *Electricité vitrée ;* le Corps, *qui perdrait une certaine quantité de fluide,* serait un *Corps négatif* (—), un Corps à *Electricité résineuse.* Ces hypothèses furent vigoureusement combattues ; bien que l'on se serve, encore, *bien à tort,* des expressions *Electricité positive* et *Electricité négative,* comme des signes + et — rien ne prouve un gain dans les Corps + et une perte dans les Corps — ; il est vrai que Franklin jugeait, lui-même, son *hypothèse comme très arbitraire.*

Enfin, qu'est donc l'Electricité pour la Science ? — Vers la fin du XVIIIe Siècle, pour le physicien génevois Jallabert, *l'Electricité* est *un fluide particulier* répandu dans tous les Corps ; les Corps frottés seraient *entourés d'une Atmosphère électrique.*

Si Franklin avait cru à *un fluide unique* impondérable, le savant anglais Robert Symmer soutenait la thèse des *deux Fluides électriques* existant dans tous les Corps en état de combinaison nommée *Fluide neutre* ou *Fluide naturel.*

Dans son *Traité d'Electricité et de Magnétisme*, A. Becquerel, après avoir rappelé l'Hypothèse d'un Fluide unique et l'Hypothèse des deux Fluides, concluait en 1855: « Nous nous bornerons à appeler *Electricité la cause* de tous les effets électriques ».

L'Encyclopédie populaire illustrée du Vingtième Siècle définissait ainsi l'Electricité : « Nom sous lequel on désigne une *forme particulière de la Matière impondérable*, forme inconnue en elle-même et dont les actions seules nous sont révélées ».

Définition du *Larousse du* XXe *Siècle : « Electricité :* nom donné à une des formes de l'Energie ».

Lucien Poincaré écrivait dans son ouvrage sur *L'Electricité : « A vrai dire, le Physicien le plus savant ignore encore profondément quelle est la véritable nature des phénomènes électriques ».*

Dans la Deuxième Edition de *La Radio-physique*, j'écrivais en 1934 (Page 4) : « Les Forces constitutives de la Matière sont au nombre de 4 : d'une part, les deux Electricités classiques (*l'Electricité négative* ou résineuse et l'*Electricité positive* ou vitrée) ; et, d'autre part ces deux aspects de Force, que j'avais au début nommés Radio-électricité longue (à Ondes longues) et Radio-électricité courte (à Ondes courtes).

Comment j'ai découvert la Super-électricité longue et la Super-électricité courte, Forces de Haute-Fréquence. — J'écrivais en 1934 à leur sujet : « Au début de mes recherches, j'ai rencontré des manifestations de Force diffé-

rentes de l'Electricité positive et de l'Electricité négative ;
ces manifestations, jusqu'alors inconnues, je les rencontrais
au voisinage de certains Plombs, de Plombs n'étant pas encore
totalement dégagés de leur origine uranique ; ces manifestations, je les rencontrais dans le Champ de dispersion spectrale
du Polonium, du Radon et de quelques autr s Corps radio-
actifs ; pour ce motif, j'avais donné à ces manifestations radiantes le nom de *Radio-électricité ;* la Radio-électricité accompagnant certains Plombs (de masse atomique 206), le Polonium, le Radon m'a paru être de plus grande longueur d'Onde,
que sa forme antagoniste, qui accompagnait le Radium, le
Thorium, l'Actinium, le Proto-actinium, l'Uranium ; cette
forme antagoniste, je la nommai Radio-électricité courte.

Plus tard, je devais retrouver *ces mêmes Forces électriques*
un peu dans tous les Corps ; elles m'apparurent alors comme
étant, non pas l'apanage des Corps radio-actifs, mais comme
étant *deux des Forces constitutives de la Matière ;* je les nommai
alors *Super-électricités ;* en distinguant l'une par le qualificatif
longue (à Ondes longues), l'autre par le qualificatif *courte*
(à Ondes courtes).

**Comment j'ai découvert l'ensemble des Eléments
constituant la Matière.** — Un jour, ayant édifié une Colonne
de Disques, de Masse atomique 254, ayant même valeur radiante que la Matière, qui, elle-même, à même valeur radiante
que l'Ether, je crus intéressant de diviser cette Colonne pour
étudier la valeur de ses tronçons.

Après étude, ces tronçons devaient avoir : d'une part 128
et 64 Unités énergétiques, d'autre part 32, 16 et 8 Unités,
comme aussi 4 et 2. Je pus constater que la *Masse 128 vibrait
comme la Super-électricité courte et la Masse 64 comme la Super-
électricité longue ;* d'autre part, *la Masse 4 vibrait comme
l'Electricité positive et la Masse 2 comme l'Electricité négative.*

Plus intéressants encore étaient les tronçons 32, 16 et 8,
car le 32 vibrait comme le *Noyau dia-magnétique,* qui se rencontre dans tous les Corps, dans tous les Atomes, les Inorganiques et les Organiques ; — le 8 vibrait comme le *Noyau*

para-magnétique ; — et le tronçon 16 vibrait comme vibrent les *Noyaux des Corps organiques vivants.* Quant aux tronçons 4 et 2, ils se rapportaient aux deux Electricités classiques.

Ainsi, la Masse 254, c'est-à-dire la *Pile de la Matière,* venait de laisser apparaître les Forces, qui l'animent (4 Forces, dont 2 Forces électriques et 2 Forces super-électriques), et venait aussi de laisser apparaître ses Eléments nucléaires.

Avec des Piles faites à l'aide de *Disques verts sur Disques blancs,* on peut, fort aisément, *scruter tous les atomes et toutes les cellules ;* les Disques verts et blancs doivent avoir un diamètre de 0,04 centimètres : *un seul Elément (vert et blanc)* constitue *la Pile de l'Electricité négative* (la *Pile des Electrons*) ; — *la Pile de l'Electricité positive* groupe 2 *Eléments verts et blancs ;* — *la Pile de la Super-électricité longue* groupe 6 *Eléments ;* et *la Pile de la Super-électricité courte,* 7 *Eléments ;* — la vibration de 3 *Eléments verts et blancs* correspond à la vibration du *Noyau atomique para-magnétique ;* — la vibration de 5 *Eléments verts sur blancs* correspond à la vibration du *Noyau atomique dia-magnétique ;* — quant à la vibration de 4 *Eléments verts sur blancs,* elle correspond à la vibration de la *Force vitale.*

D'après *la Radio-physique, le Noyau atomique* (ou Masse nucléaire de chaque Corps) comprend, en réalité, 2 Parcelles nucléaires (ou Paquets nucléaires) circulant *sans trève,* à 180 degrés l'une de l'autre sur la *Piste nucléaire* (le 1er Cercle central du Spectre).

Tout Radio-physicien peut, *avec ces 7 Piles aisément agençables,* reconnaître la présence des 4 manifestations électriques, comme la nature des Noyaux de constitution.

L'Electricité négative et l'Electron. — Toutes les Forces rayonnent : *l'Electricité négative rayonne.* Lorsqu'un Radiophysicien veut reconnaître la présence de l'Electricité négative dans un Corps, il se sert pour établir un *accord vibratoire,* soit d'un *Elément de Pile vert sur blanc* tenu en main gauche et en contact avec la branche gauche de la Baguette, soit d'une *Baguette colorée en vert d'eau clair.*

Le mot *Electron* désigne une quantité élémentaire d'Electricité négative, l'*Unité* d'Electricité; c'est-à-dire, selon le docteur Johnstone Stoney, la quantité d'Electricité qu'il faut faire passer dans une solution pour libérer à l'une des électrodes un atome d'Hydrogène ou un atome d'un Elément monovalent quelconque; la même quantité d'Electricité est nécessaire pour dégager un gramme d'Hydrogène et pour obtenir le dépôt de 107 grammes d'Argent (dans une solution contenant de l'Argent).

Pour les uns, l'Electron serait *un Corpuscule électrique;* pour les autres, l'Electron semblerait être *une Onde;* pour M. de Broglie, *l'Electron* ne serait pas un simple corpuscule; ce serait *un Corpuscule lié à une Onde.* Dans une causerie faite à Daventry, dans le Northamptonshire, au N.-O. de Londres, le Professeur G. Paget-Thomson a exposé que, si l'on projette sur une mince feuille d'Or un faisceau d'Electrons, et si on laisse s'impressionner une plage photographique placée derrière, on aperçoit au développement des *Cercles concentriques.* Pour M. Marcel Boll, *l'Electron est un phènomène ondulatoire très complexe, sur lequel nous sommes encore très ignorants.*

Si nous posons au sol un Corps minéral, par exemple une pièce monétaire belge en Nickel ou une pièce française de nickel, *non trouée,* portant le millésime 1903 ou 1904, un *Champ spectral de décomposition et de dispersion* s'éveillera; ce Champ spectral nous pouvons l'étudier à l'aide de *nos Baguettes, de nos Masses d'accord,* de nos *Couleurs d'accord;* nous nous garderons d'employer une Baguette en métal ou ligaturée par un fil métallique, car les résultats des essais seraient déplorables; nous utiliserons exclusivement nos Baguettes courtes en baleine polaire. Parmi les manifestations du *Champ spécial de décomposition et de dispersion,* nous rencontrerons, au delà des Premiers Cercles spectraux, un Cercle particulier, qu'il faut aborder le dos tourné vers le Corps en observation au centre du Champ; ce Cercle que nous désignons par la lettre S^1 est nommé Cercle électronique, ce Cercle S^1 *peut être identifié* à l'aide d'une *Couleur d'accord* vert d'eau pâle; la manifestation radiante de ce Cercle est ainsi une *mani-*

festation d'Electricité négative ; si l'on scrute avec soin le tracé de ce Cercle à environ un mètre du sol, on pourra constater que sur la Piste S¹, qui vibre comme l'Electricité négative, *circulent en sens indirect* (sens contraire au sens de marche des aiguill s d'horlogerie) *des Electrons, qui se succèdent rapidement.* La circulation d'Electrons sur le Cercle électronique (S¹) ne pourrait surprendre, puisque, à petite distance du Corps observé, *sur la Piste nucléaire positive, circulent, dans le même sens, des Blocs complexes constituant les Noyaux atomiques positifs.*

L'Electricité positive. — La valeur radiante de *l'Electricité positive* peut être représentée par deux Eléments de Pile superposés, ces 2 Eléments étant constitués, l'un et l'autre, par *un Disque vert* (vert d'eau clair) posé *sur un Disque blanc,* comme précédemment ; la Pile des 2 Eléments vert et blanc est caractérisée par une manifestation azimutale, attaquable en marche directe et *apparaissant à l'Ouest magnétique ;* un praticien radio-physicien expert pourrait, à défaut de Disques verts, utiliser *un seul Disque,* qui serait *de couleur blanche,* ou bien utiliser une Baguette peinte en blanc.

La Pile électrique et le Courant électrique. — Lorsque Aloys Galvani, anatomiste et physicien italien, eut découvert, en 1790, qu'il se produit une contraction, lorsque, avec un arc formé d'une tige de Cuivre et d'une tige de Zinc, on touche à la fois l s nerfs cruraux et les nerfs lombaires d'une grenouille dépouillée, — Al xandre Volta, professeur de Physique à l'Université de Pavie, répéta l'expérience de son compatriote Galvani. Ayant constaté que, quand l'Arc métallique est formé d'un seul métal, les convulsions sont à peine sensibles et que, au contraire, elles sont très prononcées lorsque l'Arc conducteur est formé de deux métaux différents, il crut que l'agent, qui, à chaque contact métallique, contracte les muscles et les agite, n'est pas un principe électrique subsistant dans l'animal mort depuis quelques heures, comme le prétendait Galvani, mais une sorte de fluide se développant dans les métaux mêmes; cette conviction conduisit Volta à étudier, vers 1794, *les actions de contact entre Métaux.*

Lorsqu'il mit *en contact* deux disques métalliques, l'un en *Cuivre*, l'autre en *Zinc*, la présence d'une Electricité fut constatée sur les deux Métaux; mais les 2 Métaux étaient électrisés de même. Un jour que Volta, en 1800, venait de lire dans un journal de Rome le récit de l'élection du Pape Pie VII, il avait déchiré un coin du journal et l'avait mis dans sa bouche, l'idée, assez bizarre, lui vint de *glisser ce papier mouillé entre un disque de Cuivre et un disque de Zinc; les 2 disques métalliques* se trouvèrent *électrisés d'une manière différente; la Pile électrique était trouvée.*

Après différents perfectionnements, la *Pile de Volta* ou *Pile à colonnes* était faite d'une série de disques superposés; chaque *couple de disques* était formé d'une rondelle de *Cuivre* soudée à une rondelle de *Zinc*, et les couples étaient séparés les uns des autres par des rondelles de drap mouillées avec de l'eau légèrement additionnée d'acide sulfurique; à chaque extrémité de la Pile de 60 couples était attaché un fil métallique; celui qui était attaché au *Zinc* à l'une des extrémités de la Colonne se chargeait de *fluide négatif*, disait-on, et celui qui aboutissait au *Cuivre* se chargeait de *fluide positif;* chaque Elément de la Pile à colonnes était fait d'un *métal attaquable*, le *Zinc*, d'un *métal inattaquable*, ou peu attaquable, le *Cuivre*, et *d'un liquide attaquant;* si les extrémités Cuivre et Zinc étaient réunis par un conducteur, il se produisait un *mouvement d'Electricité*, qui reçut le nom de *Courant électrique.*

Dans son ouvrage intitulé *Pour comprendre la Physique moderne*, l'abbé Moreux a écrit : « Que se passe-t-il, au juste, dans le fil, siège de ce que nous appelons un *Courant électrique?* nous l'ignorons encore ».

Puisque ce qui se passe dans le fil est encore ignoré, demandons aux procédés de la Radio-Physique de porter quelque lumière sur ces obscurs problèmes. Ecartons la Pile hydro-électrique de Volta, à un seul liquide, et considérons le Courant, le Courant alternatif, par exemple, fourni par un Secteur parisien. Tous les auteurs nous ont averti, comme M. Ernest Coustet, dans la *Nouvelle Bibliothèque des Merveilles*, lorsqu'il écrit : « *La Nature intime de l'Electricité demeure encore profondément énigmatique* ». Nous sommes prévenus, personne ne peut nous renseigner, cherchons.

Sur une Prise de Courant (*fig. 7*), nous portons *un double fil* relié à une Lampe ; la Lampe s'éclaire. Nous allons scruter le

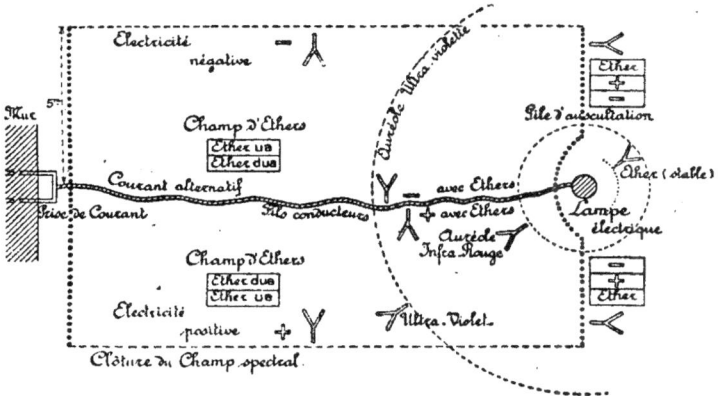

FIG. 7. — *Le Champ spectral accompagnant un Courant électrique aboutissant à une Lampe électrique* : Présence dans le Champ d'Électricité négative et d'Électricité positive, d'Éther stable, d'Éther *ua* et *dua*, d'Infra rouge et d'Ultra-violet, le tout enclos dans un cadre d'entourage.

Champ spectral, qui certainement s'est formé. Autour de la Lampe, deux Cercles concentriques sont aisément accrochés, puis identifiés ; le Cercle de moindre diamètre est identifié comme ayant mêmes vibrations que l'*Infra-rouge ;* le plus grand Cercle est identifié comme ayant mêmes vibrations que l'*Ultra-violet ;* dès son arrivée à la Lampe, le *Courant électrique* a engendré ces deux manifestations ; derrière la Lampe peut être accrochée une manifestation complexe ; l'une, d'un côté, groupe avec l'Ether les Forces électriques, la positive et la négative, l'autre, d'un autre côté, groupe, avec les deux Forces électriques, l'Ether.

Le long des *Fils conducteurs*, nous constaterons deux manifestations énergétiques ; l'une, d'un côté, ayant même valeur que la vibration de *l'Electricité négative* (accompagnée de *deux Tourbillonnements d'Ether*, l'un *ua*, l'autre *dua*, ces deux Tourbillonnements d'Ether, tourbillonnant en *sens antagoniste ;* de l'autre côté du Fil, autre manifestation énergétique ; celle-ci a même valeur que la vibration de *l'Electricité positive*, accompagnée, elle aussi, de *deux Tourbillonnements d'Ether*, l'un *ua*, l'autre *dua*.

Le Champ spectral du Courant électrique est, comme tout Champ spectral, clos par une Figure d'entourage, un quadrilatère en l'espèce ; les deux grands côtés vibrent, l'un comme *l'Electricité négative*, l'autre comme *l'Electricité positive ;* entre les grands côtés et le Fil conducteur, de part et d'autre, s'étend une Plage d'Ether ; sur les deux petits côtés du quadrilatère, triple manifestation (Electricité positive, Electricité négative, Ether).

Les *Forces électriques* sont des *Tourbillonnements particuliers de l'Ether ;* lorsque le Tourbillonnement s'arrête, les Electricités se fondent en Ether.

Après cette Etude du *Courant électrique*, reportons notre attention sur les Disques métalliques de Volta.

Volta avait affirmé que le seul *contact de deux métaux* (de sa Première Classe) suffit pour faire apparaître sur eux des *Charges électriques ;* il avait conclu que *le contact de certains Corps*, différant physiquement et chimiquement, est une *Source d'Electricité*. L'*Echelle de Volta* est une liste de Corps rangés d'après un ordre tel que chacun d'eux, mis en contact *avec un Corps qui le suit, a un plus haut potentiel*, et mis en contact avec un *Corps, qui le précède* à un plus faible potentiel ; la différence de potentiel sera d'autant plus grande que le deuxième Corps est plus éloigné du premier dans la Série.

En tête de l'Échelle est l'Oxyde de Manganèse (+), et, au-dessous viennent successivement : le Graphite (Carbone), — l'Or, — l'Argent, — le Cuivre, — le Fer, — l'Etain, — le Plomb, — le Zinc (=).

Lorsque, vers 1920, je crus intéressant de vérifier les conclusions de Volta au sujet des *actions de contact entre métaux*, entre Corps secs, sans intervention de niveaux mouillés ou acidulés, je reconnus que l'Échelle de Volta a une base sérieuse ; mais je dus constater que *Volta n'a pas vu les actions de contacts réelles.* Si, sur une table de bois, ou bien au sol, je pose un disque de *cuivre rouge* et sur ce disque un autre disque, de même diamètre, mais en *zinc*, — si, après avoir ainsi mis en contact 2 disques métalliques et avoir pris en

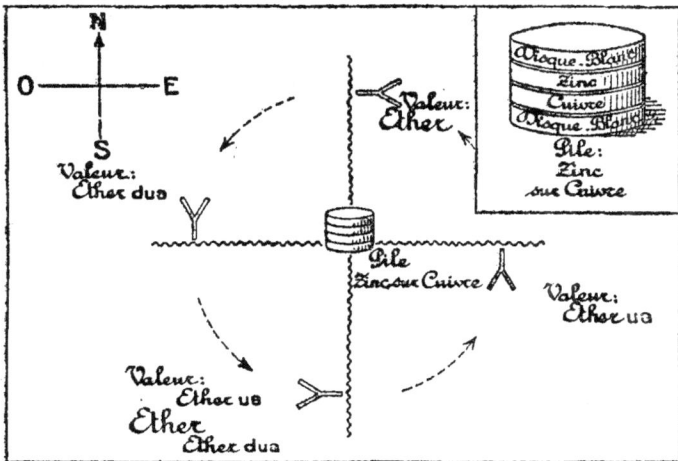

F<small>IG</small>. 8. — *Le Champ spectral d'une Pile faite d'une Disque de Zinc sur un Disque de Cuivre :* 4 Actions cardinales ayant pour valeur : au Nord, l'Éther ; — à l'Ouest, l'Éther *dua ;* — au Sud l'Éther stable encadré par l'Éther *ua* et l'Éther *dua ;* — à l'Est, Éther *ua.*

main une Baguette, je tourne autour en marchant en sens inverse du sens de marche des aiguilles d'horlogerie, la Baguette frémira, s'agitera lorsque je franchirai, au Nord de l'assemblage bi-métallique, le Méridien magnétique ; ma Baguette se relèvera de nouveau, par actions secondaires, 90 degrés plus loin, vers l'Ouest, puis au Sud, puis à l'Est. Quelle est la valeur énergétique de ces 4 manifestations?

Pour Volta, ces manifestations étaient des manifestations électriques, pour moi, elles ont une toute autre valeur. Que

je mette Argent sur Or. — Or sur Bi-oxyde de Manganèse, —
Zinc sur Cuivre, j'obtiens en marche indirecte, sur la Manifestation du Nord, identification avec *l'Ether stable*, sur les
Manifestations de l'Est et de l'Ouest, identification à l'Ouest
avec tourbillonnement d'*Ether*, que j'ai nommé *Ether dua;*
identification à l'Est avec cet autre Tourbillonnement antagoniste d'Ether, que j'ai nommé *Ether ua;* sur la manifestation du Sud, identification de l'*Ether* (stable), encadré de ses
deux premiers Tourbillons, l'*Ether dua* et l'*Ether ua*. Je ne
saurais donc dire avec Volta que la *manifestation de contact sec*
est une manifestation électrique ; il s'agit là, très évidemment,
d'une *manifestation complexe de l'Ether*.

Ce qu'est la Super-électricité. — Ce qu'est la Super-
électricité? Je vais le montrer.

Je prends deux règles de bureau, des règles plates en bois,
ou même des règles à section carrée, dont la longueur est d'environ 0,32 centimètres ;
je mets ces 2 règles l'une
sur l'autre en croix;
l'une d'elles est orien-
tée Nord-Sud, l'autre
Est-Ouest; je les fais
reposer sur un petit élé-
vateur en bois d'envi-
ron 0,032 millimètres de
hauteur, plaçant le tout
(*fig.* 9), soit au sol, soit
sur une petite table ou
sur un guéridon en bois.

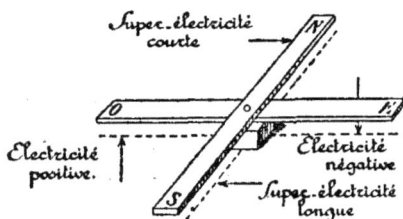

FIG. 9. — *Deux règles mises en croix l'une
sur l'autre sont accompagnées de quatre
manifestations électriques ;* peuvent être
identifiées : à l'Est de l'Électricité négative ; à l'Ouest de l'Électricité positive ;
au Nord, de la Super-électricité courte ;
au Sud de la Super-électricité longue.

Je prends en main la
Baguette en baleine noire, ligaturée avec du fil de lin blanc
(sur 0,05 centimètres) : je circule autour de ces deux règles en
marchant en sens direct (c'est-à-dire en même sens que les
aiguilles d'horlogerie) ; ma Baguette frémit et s'agite en passant au Nord, à l'Est, au Sud, à l'Ouest.

A ce moment, c'est-à-dire après avoir *accroché*, il faudra

identifier. Avec la Pile faite d'*un seul disque vert sur un disque blanc*, qui a même valeur radiante que l'*Electricité négative*, je peux identifier *la manifestation de l'Est*, qui apparaît comme une manifestation de l'*Electricité négative;* — avec la Pile faite de *deux Eléments verts et blancs*, qui a même valeur que l'*Electricité positive, j'identifie la manifestation de l'Ouest*.

Quelle est la valeur radiante des manifestations, qui ont été rencontrées au Nord et au Sud? Nous avons précédemment mentionné deux Forces, qui sont identifiables, l'une à l'aide d'une Pile faite de 6 Eléments verts et blancs, l'autre à l'aide d'une Pile faite de 7 Eléments verts et blancs. Or *la Pile de 6 Eléments*, portée en main gauche le long de la Baguette, amène un frémissement, une agitation *vers le Sud;* — *la Pile de 7 Eléments* cause un frémissement des Tiges, une agitation *au Nord*. On ne saurait prétendre que ces Forces, qui se manifestent l'une au Sud, l'autre au Nord, sont des Forces magnétiques.

En effet, prenons l'un de ces *Appareils* dits *de Haute-Fréquence, projecteurs d'Ondes de Haute-Fréquence;* mettons l'appareil en marche en le branchant sur une prise de Courant. Posons au sol l'*Electrode à vide*, dite *Electrode de*

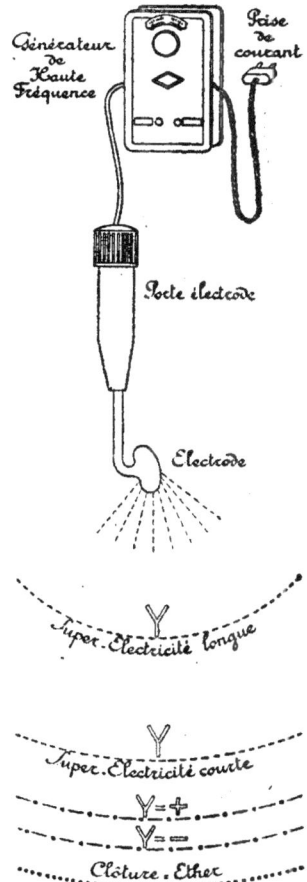

Fig. 10. — *Un Générateur de Haute-Fréquence :* dès que l'appareil est branch sur le Courant électrique, 4 Cercles spectraux peuvent être identifiés ; ils ont pour valeur : la Super-électricité longue, la Super-électricité courte, l'Électricité positive et l'Électricité négative.

surface; l'appareil va transformer le *Courant alternatif* en un *Courant de Haute tension*, de plus de 100.000 inversions par seconde (*fig.* 10).

A faible distance de l'Electrode mise au sol, on peut constater, avec nos Baguettes courtes en baleine polaire, la présence de *deux Cercles cylindriques concentriques.* Quelle est leur valeur énergétique? Le *premier Cercle* a même valeur radiante que la Pile de 6 Eléments verts et blancs, qui a frémi devant la branche Sud des Règles croisées (*fig.* 8); le second Cercle a même valeur énergétique que la Pile de 7 Eléments, qui a frémi devant la branche Nord des Règles croisées. Or, comme le premier Cercle a mêmes vibrations que la Branche Sud des Règles croisées, on peut conclure que *cette Branche Sud a une vibration de Haute-Fréquence;* en outre, comme le second Cercle, dont la vibration se rattache de même aux Ondes de Haute-Fréquence, a mêmes vibrations que la Branche Nord des Règles croisées, on peut conclure que la *Branche Nord* est animée d'une vibration de Haute-Fréquence.

Les Branches Nord et Sud des Règles croisées vibrent donc en Haute-Fréquence; en scrutant les problèmes du Magnétisme, nous verrons quelles peuvent être les relations existant entre la Haute-Fréquence électrique et le Magnétisme.

Le Magnétisme. — Les auteurs scientifiques les plus éminents nous ont dit, en parlant de l'Electricité : « A vrai dire, *le Physicien le plus savant ignore encore, profondément, quelle est la véritable nature des phénomènes électriques ; ... l'embarras* où se trouve le Savant *serait aussi grand s'il lui fallait fournir une explication complète de n'importe quel autre phénomène physique* ».

Qu'est-ce le Magnétisme? On cherchera en vain la définition du Magnétisme dans maints ouvrages; on n'y rencontrera aucune définition; mais on lira de longues dissertations sur les phénomènes magnétiques; et notamment : « On appelle *Champ magnétique* tout Espace dans lequel une *aiguille aimantée subit une action directrice* et prend une orientation

déterminée, l'une de ses extrémités se dirigeant vers le Nord
et l'autre vers le Sud ; *un aimant,* ou *un fil parcouru par un
Courant électrique,* crée autour de lui un *Champ magnétique ;*
— la Terre est plongée dans un Champ magnétique, analogue
à celui que donnerait un barreau aimanté couché sur l'axe
de rotation de la Terre.

L'étude du Magnétisme comporterait donc deux parties :
1º Etude des Aimants ; 2º Etude de la Terre, gigantesque
aimant circulant dans l'Espace ; lorsqu'une *aiguille aimantée*
est suspendue à un fil par son centre de gravité, de manière
qu'elle puisse se mouvoir librement en tous sens, elle prend
spontanément la direction Nord-Sud, et, s'incline, en outre,
sur l'horizon ; dans l'Hémisphère boréal (c'est-à-dire septen-
trional), c'est le Pôle Nord, qui plonge et le Pôle Sud, qui se
relève.

De quelle nature est *la Force magnétique motrice,* qui produit ces actions? Lorsque Robert Symmer eut formulé,
au xviiiᵉ Siècle, sa théorie des *deux Fluides électriques,* on
voulut voir, à la base des phénomènes magnétiques, *deux
Fluides magnétiques ;* selon von Swinden et Musschenbroek,
physicien hollandais, les Fluides magnétiques seraient fort
différents des fluides électriques ; enfin, l'anglais Maxwell
formula une *théorie purement mathématique et abstraite ;* il
certifiait que l'Onde électro-magnétique consisterait en deux
champs, l'un électrique, l'autre magnétique, vibrant dans
des plans formant angle. Enfin, selon le botaniste Dalibard :
« *Le Fluide magnétique n'est que le Fluide électrique* ».

Puisque les Radio-physiciens ont toujours recours à l'expérimentation pour dissiper les obscurités des problèmes
demeurés obscurs et sans solution, expérimentons. La question posée est celle-ci : « Existe-t-il une Force particulière
différente de la Force électrique, que nous pourrions reconnaître comme étant une Force magnétique? »

Si nous scrutons le Champ spectral d'un Corps allongé,
telle un Barreau d'acier aimanté ou une Règle en bois, nous
obtiendrons le *Champ spectral propre aux Corps allongés
couchés horizontalement,* et ce Champ sera caractérisé par

4 manifestations accrochables par nos Baguettes en baleine polaire ; la manifestation de l'Est vibre comme l'Electricité négative, — celle de l'Ouest comme l'Electricité positive ; — celle du Nord comme la Super-électricité courte ; — celle du Sud, comme la Super-électricité longue (voir la Figure 9 donnant ce même Champ) ; il est à noter que la Manifestation du Sud semblera s'évaser en forme d'entonnoir ouvert au Sud. A l'entour du Barreau couché horizontalement dans le méridien magnétique, on peut observer 4 Cercles circulaires ayant mêmes valeurs d'Energie que la Super-électricité longue, l'Electricité négative, l'Electricité positive, la Super-électricité courte ; *aucune autre Force que les Forces électriques.*

Les manifestations magnétiques sont dans un état continuel d'agitation ; la valeur moyenne de chacun des Éléments magnétiques terrestres (c'est-à-dire la valeur de la *Déclinaison*, de l'*Inclinaison*, de la *Composante horizontale*, qui varie d'une année à l'autre) ; au cours d'une même journée, les Eléments magnétiques peuvent être : *calmes, agités* ou *perturbés.*

Ces perturbations proviennent-elles de *causes extérieures* ou de *causes intérieures?* Il est une cause extérieure certaine ; les perturbations sont plus fortes ou plus nombreuses aux époques de maximum des *Taches solaires.*

Il semble cependant que certaines agitations du Magnétisme terrestre doivent être attribuées, en très grande partie, à des *actions émanant de l'intérieur du Globe.* Quelles actions? Sur ce point, aucune affirmation nette n'a été apportée jusqu'ici. Certes, on a bien *supposé* que le Centre igné de la Terre, *la Barysphère*, doit avoir une forte densité ; dans son ouvrage sur *Le Ciel*, Alphonse Berget écrivait : « Le Globe terrestre renferme, sous son Ecorce mince, un *Noyau central igné* formé de matières métalliques *où domine le Fer ;* il n'est donc pas surprenant *que l'ensemble jouisse de propriétés magnétiques*, qui sont caractéristiques de ce métal ».

Les Procédés de la Radio-physique ont permis d'élucider cet obscur problème. A la suite du Séisme, qui, au début de juin 1935, souleva le Nord-est du Béloutchistan, une perturbation magnétique fut enregistrée ; comme après tout orage magnétique très violent, le Champ magnétique terrestre demeura troublé pendant plusieurs semaines ; nous pûmes étudier cette perturbation et reconnaître *les causes exactes du Magnétisme terrestre.*

Si je constitue une Colonne de Piles (*fig.* 11) faite, d'une part de 3 Corps météoriques (le Fer, l'Osmium, le Platine), bien qu'il serait préférable de mettre au sommet de la Colonne les 9 Corps météoriques, et, si d'autre part, au-dessous des 3 Corps météoriques, je dispose les Corps radio-actifs de Masses 210, — 214, — 222 (Radon), — 226 (Actinium), — 227 (Radium), — 230 (Proto-actinium), — 232 (Thorium), — 239 (Uranium), — un Champ spectral est éveillé ; on peut aisément reconnaître, grâce à mes Masses d'accord et à mes Couleurs d'accord, que les 4 Raies cardinales ont, toutes quatre, *même Rayonnement que l'Infra-rouge,* et que les 4 Cercles spectraux ont,

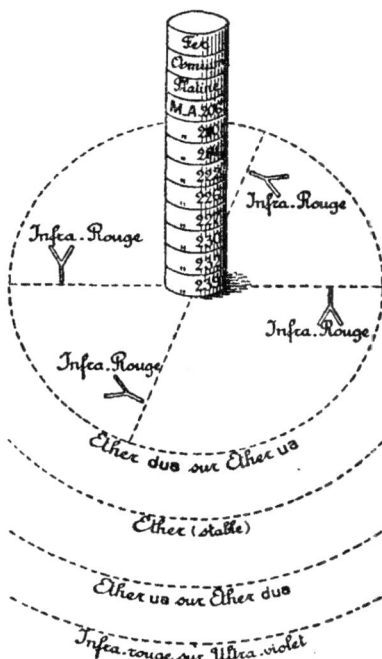

FIG. 11. — *Le Champ magnétique terrestre étant troublé, le trouble peut être atténué par l'érection d'une Colonne faite de 3 Corps météoriques et 9 Corps radio-actifs ; le Champ spectral de la Colonne manifeste, dans les 4 directions cardinales, Infrarouge ; les 4 Cercles spectraux ont pour valeur : Éther dua sur Éther ua ; — Éther stable ; — Éther ua sur Éther dua, sur le 4e Cercle extérieur ; Infrarouge sur ultra-violet.*

pour valeur radiante : (le 1er l'Ether tourbillonnaire *dua* sur l'Ether *ua ;* — le 2e l'Ether stable ; — le 3e l'Ether tourbillonnaire *ua* sur l'Ether *dua;* — le 4ᵉ, l'Infra-rouge sur l'Ultra-violet.

Si j'avais constitué la Colonne de Piles, non plus avec

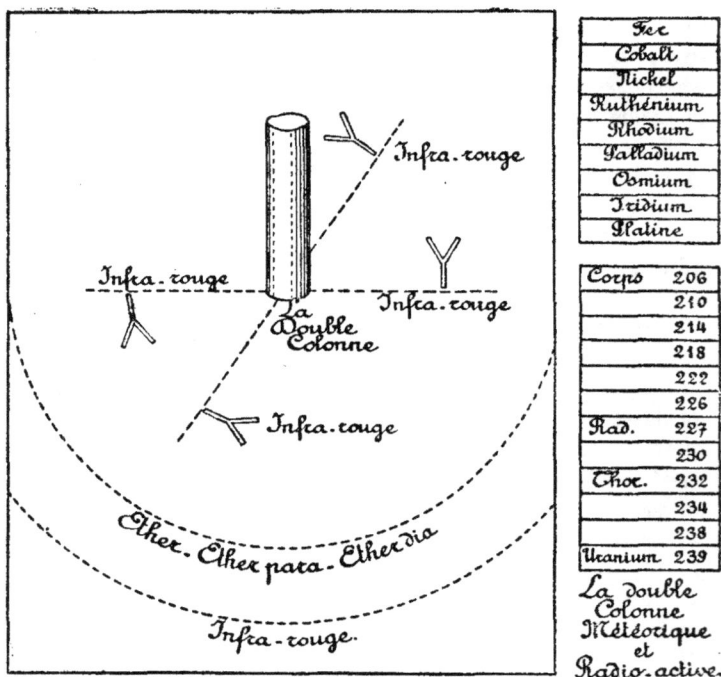

	Fer
	Cobalt
	Nickel
	Ruthénium
	Rhodium
	Palladium
	Osmium
	Iridium
	Platine

Corps	206
	210
	214
	218
	222
	226
Rad.	227
	230
Choc.	232
	234
	238
Uranium	239

La double Colonne Météorique et Radio-active.

FIG. 12. — *Le trouble du Champ magnétique terrestre peut être dissipé par une Colonne faite de 9 Corps météoriques portés sur 12 Corps radio-actifs.* — La Colonne édifiée remplace les Forces qui ne viennent plus de la Barysphère par des Forces semblables ; les Éléments de constitution de la Colonne attestent que les Éléments de la Barysphère sont très certainement des Corps météoriques et des Corps radio-actifs en ignition.

3 Corps météoriques, mais avec les 9 Corps météoriques, le Champ spectral éveillé eut été un Champ donnant mêmes manifestations qu'un Barreau aimanté, avec un Cercle spectral d'entourage ayant même Rayonnement que l'Infrarouge (*fig.* 12).

Comme les *Mines de Fer magnétique* de l'Europe septentrionale *causent des perturbations magnétiques*, que dénonce la Boussole, il n'est nullement étrange que *la Barysphère*, qui recèle des Corps météoriques et des Corps radio-actifs, *influe* sur la *Boussole ;* et, comme cette agglomération de *Matières ignées* peut se trouver en un état plus ou moins pâteux, il serait fort logique que le Magnétisme, causé par ces Corps en ignition, soit *dans un état perpétuel de fluctuation*, comme les flots de la Mer, puisque, ainsi que je l'ai dit précédemment : « *Les manifestations magnétiques* sont *dans un état continuel d'agitation* ».

Fréquemment les Masses gazeuses du Noyau solaire font irruption à travers la Photosphère et créent ce que l'on nomme *les Taches ;* ces Taches peuvent être vues de la Terre ; souvent, avant d'être vues, elles ont annoncé leur existence en troublant le Magnétisme terrestre, en affolant nos Boussoles.

A ce moment, nous ne pouvons continuer nos travaux radio-physiques en Laboratoire, ou nos recherches de Prospection. Pourquoi? Parce que les vibrations montant de la Barysphère ne sont plus normales; elles sont fortement affaiblies; ces vibrations, qui normalement guidaient notre travail, sont devenues impuissantes.

Que faire? Attendre? Non *:* Il faut, pour nous, remplacer les Forces, qui venaient de la Barysphère par des Forces semblables, qu'il nous faut évoquer. C'est alors que nous dressons en laboratoire la Pile (*fig.* 12) renforcée par six Corps météoriques. Cette Pile, en suppléant au Rayonnement de la Barysphère déficiente, atteste : 1º la Composition météorique des Eléments de la Barysphère ; 2º le caractère magnétique de ses Eléments les plus actifs.

TROISIÈME PARTIE

LES CORPS INORGANIQUES

LA MATIÈRE

Les Origines du Monde solaire. — En 1796, le marquis de Laplace formulait une *Hypothèse sur la formation des Mondes*, hypothèse, qui, plus tard, sembla devoir s'imposer comme une réalité indiscutable. Pour le marquis de Laplace, *d'une colossale Nébuleuse était né notre Monde solaire*; cette *Nébuleuse* aurait été un *amas de Gaz*, qui, *tournant lentement*, devait prendre une figure d'équilibre à peu près *sphérique;* par suite de son *refroidissement*, causé par son *Rayonnement continu*, elle devait *se contracter* lentement; mais, d'autre part, *sa vitesse de rotation devait augmenter;* la *Force centrifuge*, qui croissait en même temps, devait *amener le détachement*, dans le plan de l'Equateur nébulaire, *d'une partie de la Nébuleuse, d'un Anneau nébulaire; la Matière nébulaire constituant l'Anneau* devait, en formant bloc, constituer un Noyau nébulaire, *une Planète : ainsi, aurait été constituée notre Terre.*

A l'origine d'une colossale Nébuleuse se trouve une *Nébuleuse gazeuse* groupant généralement 4 Gaz. L'astronome anglais Sir William Huggins a publié, en 1866, un ouvrage sur *L'Analyse spectrale des Corps célestes ;* dès 1864, il avait été reconnu que le *Spectre de la Nébuleuse du Dragon* présente 3 Raies brillantes isolées et que *cette Nébuleuse est formée de Gaz incandescents.*

L'une des plús belles *Nébuleuses gazeuses* du Ciel se voit *dans la Constellation d'Orion;* cette Constellation forme un quadrilatère irrégulier, dont les angles sont marqués par 4 Etoiles, dont Bételgeuse, de teinte jaune opale, et Rigel, de teinte blanche; Bételgeuse est une Etoile géante, dont le diamètre est plus de 300 fois celui du Soleil; 3 autres Etoiles sont serrées, en ligne oblique, au milieu du quadrilatère; elles constituent Le Baudrier d'Orion; entre le Baudrier et Rigel, près de l'Etoile θ, peut se voir *la Nébuleuse gazeuse d'Orion,* que découvrit le savant hollandais Christian Huyghens, en 1656, et qu'étudia, en 1774, l'astronome hanovrien William Herschel; *la Nébuleuse gazeuse serait à l'origine de la Matière nébulaire; d'où, après certaines agglomérations, naitront les Mondes futurs.*

Les Raies du Spectre spectroscopique des Nébuleuses gazeuses sont généralement au nombre de 4. La première Raie est d'une longueur d'Ondes de 5007 Å (Angströms), soit 0,50 μ (ou millièmes de millimètres); — la deuxième Raie est d'une longueur de 4.959 Å; — les 2 Raies suivantes (4.861 et 4.340 Å) sont les Raies Hβ (verte) et Hγ (bleue) de l'Hydrogène.

La première Raie, la plus brillante, comme la deuxième Raie, ne correspondant à aucune des Raies du Spectre de Rowland, devaient révéler des Eléments inconnus; à l'Elément d'une longueur d'onde de 5.007 Å, on a donné le nom de *Nébulium;* — en 1888, Copeland, qui découvrit de nombreuses Nébuleuses, remarqua dans le Spectre des Nébuleuses gazeuses la Raie D³ de l'*Hélium;* — la Raie verte 4.959 est la Raie du *Coronium,* Gaz plus léger que l'Hydrogène, gaz de Masse atomique 0,5, abondant dans notre Atmosphère à partir de 100 kilomètres de hauteur; à 200 kilomètres, coexistance de l'*Hydrogène* et du *Coronium,* nommé parfois Géo-Coronium; au delà de 200 kilomètres, le Géo-coronium demeure seul, selon Wegener, qui admet l'identité du Géo-coronium et du Coronium de la Couronne solaire.

Les 4 Gaz, composant *la Matière nébulaire des Nébuleuses*

gazeuses, devront plus tard constituer les 94 Corps simples ([1]), qui existent dans notre Terre, dans notre Soleil, dans ses Planètes et leurs Satellites.

Si les 94 Corps simples terrestres, reconnus par la Radio-physique, se retrouvent dans le Soleil, tout Corps identifié dans les zones célestes, sera-t-il l'un des 94 Corps simples terrestres?

Pour répondre à cette question, étudions quelques Météo-rites, Aérolithes ou Débris planétaires, telle la Météorite de Willamette pesant plus de 15.000 kilogrammes, — telle la Météorite rapportée du Groenland par le commandant Peary et pesant 36.500 kilogrammes; — telle la Météorite de Caille (Alpes-Maritimes); cette dernière est un alliage de Fer (85 0/0) et de Nickel (14 0/0); — dans une autre Météo-rite : Fer (93 0/0) et Nickel (7 0/0); — analyse d'une Ples-site provenant d'Oldbram County, dans le Kentucky (Etats-Unis d'Amérique) : *Fer* 91 0/0, *Nickel* 7,8 0/0, *Cobalt* 0,2 0/0, *Phosphore* 0,05 0/0, *Cuivre* (traces); — la Météorite de 20 Tonnes tombée à Santiago del Estero, en Argentine, con-tenait, avec le *Fer* et le *Nickel*, du *Chrome*.

Dans les Météorites, le *Fer nickelé* sert parfois de ciment à des *grains pierreux magnésiens;* certaines Météorites, constituées de Fer et de Nickel, récèlent, en outre, un *sul-fure* et un *phosphure;* quand on chauffe certains de ces Fers nickelés, il se dégage de l'*Hydrogène*, de l'*Hélium*, de l'*Azote;* les débris planétaires recèlent aussi, avec du *Magnésium*, du *Sodium*.

Dans une brochure intitulée *Les Pierres tombées du Ciel*, Stanislas Meunier a écrit : « La composition chimique des Aérolithes a révélé ce fait que les Pierres tombées du Ciel sont exclusivement faites des mêmes Eléments que les masses terrestres; nul appui n'a autant de force pour étayer le

---

1. On dit généralement que les Corps sont au nombre de 92; comme, aux Corps classiques, j'ai dû ajouter le *Coronium* et le *Nébulium*, le nombre des Corps simples se trouve porté à 94, auxquels il con-viendrait d'ajouter les 3 Corps radio-actifs des Zones ignées du Soleil et de la Terre : Corps de masses 251-270-289.

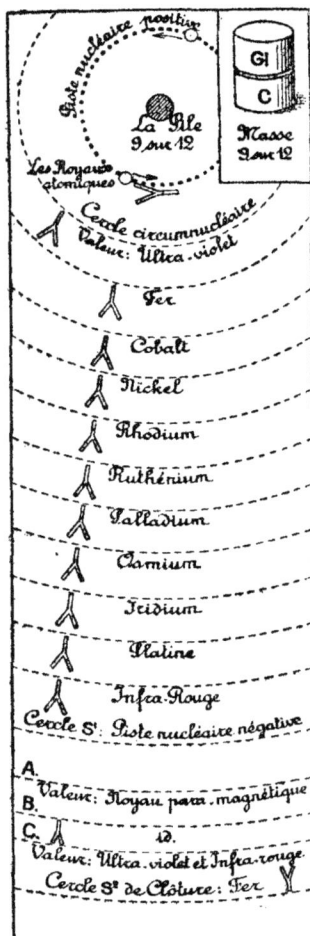

FIG. 13. — *Évocation par 2 Corps simples accouplés, dont la différence de masse est de 3 Unités.* — Les Corps 9 (Glucinium) et 12 (Carbone minéral), formant Colonne, évoquent l'ensemble des Corps de la Famille météorique.

Principe de *l'Unité de constitution de l'Univers physique* ».

Les Radio-physiciens peuvent interroger la Nature par évocations. — Lorsqu'un Radio-physicien accouple 2 Corps simples, dont la différence de masse est de 3 Unités atomiques, de 4 Unités, de 7 Unités, surgit un *Champ spectral* fort intéressant.

Ainsi, les Corps de 9 et 12 Unités accouplés (*fig.* 13) s'entourent d'un vaste Champ spectral, le *Champ de la Famille météorique ;* — les Corps de 11 et 14 Unités évoquent le Champ des Corps Halogènes (parmi lesquels prend place l'Erbium); — les Corps 16 et 19 ne donnent pas le Champ de la Famille du Lithium, mais une des 2 colonnes ressortissant du Lithium (et comprenant le Potassium, le Rubidium, le Cœsium), auxquels s'adjoignent une Terre rare (le Thulium) et un Corps radio-actif (l'Actinium); — les Corps 20 et 23 évoquent la colonne suivante, d'une part Sodium, Cuivre, Argent, et, d'autre part, s'ajoutant une Terre rare (le Samarium) et l'Or; — les Corps 24 et 27 donnent la Colonne Glucinium, Calcium, Strontium, Baryum, Radium (avec la Terre rare

Ytterbium); — les Corps 28 et 31 donnent la seconde
Colonne du Glucinium, groupant le Magnésium, le Zinc,
le Cadmium, avec l'Europium (Terre rare) et le Mercure ;
— les Corps 32 et 35, évoquent la Première Colonne du Bore,
comprenant : Bore, Aluminium, Gallium, Indium (avec
Gadolinium et Thallium); — les Corps 41 et 44 évoquent
la Seconde Colonne du Bore (Scandium, Yttrium, avec
Lanthane, Lutécium, Proto-actinium); — les Corps 48 et
51 évoquent la Première Colonne du Carbone : Titane, Zir-
conium (avec Cérium, Celtium, Thorium); — les Corps 52
et 55 donnent la Seconde colonne [du Carbone (Silicium,
Germanium, Etain) avec Thallium et Plomb; — les Corps
56 et 59 donnent la Première Colonne de l'Azote comprenant : Azote, Phosphore, — Arsenic, — Antimoine (avec
Dysprosium et Bismuth); — les Corps 85 et 88 évoquent
la Première Colonne de l'Oxygène : Oxygène, Soufre, Sélénium, Tellure (avec Holmium et la Radio-activité 214) ;
— les Corps 88 et 91 évoquent la Seconde Colonne de l'Oxygène, comprenant Chrome, Molybdène (avec Néo-dyme,
Tungstène, Uranium); — les Corps 93 et 96 évoquent 4 Gaz
rares (Néon, Argon, Krypton, Xénon).

Corps du Rythme 4. — Les Corps 16 et 20 accouplés évoquent
le *Violet ;* — les Corps 19 et 23 le *Bleu* et l'*Indigo ;* — les
Corps 20 et 24, le *Vert ;* — les Corps 23-27, le *Jaune* et l'*Orangé*
(et le *Rouge* en marche directe).

Corps du Rythme 7. — Les Corps 141-148 accouplés
évoquent l'*Ultra-violet ;* — les Corps 145 et 152 l'*Infra-
rouge.* — (Voir le Tableau de Classification en damiers, page 46).

Suite des Evocations. — Puisque nos précédentes évocations nous ont fourni des renseignements aussi intéressants qu'inattendus, nous allons dresser une Colonne faite
de 2 Piles d'Ether tourbillonnaire (une *Pile d'Ether ua* et
une *Pile d'Ether dua*); nous porterons sur la Colonne et sous
la Colonne, comme entre les 2 Piles d'Ether, des *Disques
blancs.*

Dès que la Colonne est agencée, un *Champ spectral* surgit ;

ses différents Cercles —, 10 principaux —, peuvent être très
aisément répérés et identifiés à l'aide de la Baguette courte
en baleine polaire et de quelques Semblables.

Quelle est la valeur du Cercle central (*fig.* 14) et la valeur
de chacun des Cercles du Champ spectral?

Le Cercle formant circonférence autour de la Pile des
2 Ethers tourbillonnaires a même valeur radiante que les
Coronium ua et *dua* accouplés; quant à la surface que cir-
conscrit ce Cercle, elle vibre comme l'ensemble des *Gaz
nébulaires*, c'est-à-dire comme les 2 *Coroniums*, (*ua* et *dua*),
comme les 2 *Hydrogènes* (*ua* et *dua*), comme le *Nébulium*
et comme l'*Hélium;* ce que tout opérateur peut vérifier en
mettant dans sa main gauche, en contact avec la branche
gauche de la Baguette, une Colonne constituée par des Piles
synthétiques de même valeur radiante que les 2 *Coronium*
les 2 *Hydrogènes*, le *Nébulium* et l'*Hélium*.

Pourquoi ai-je écrit sur les Cercles spectraux de la figure 14,
au lieu de Cercle, le mot *Etape?* Dès que l'on aura identifié
la valeur radiante des Cercles 2, 3, 4, 5, 6, 7 et 8, on constatera que *chacun de ces Cercles ne peut que traduire une Etape
dans la constitution de notre Terre*, de ses *Corps minéraux*,
de ses *Corps organiques*.

En effet, le cercle 1 limite une aire où ne vibrent que *les
4 Gaz de la Nébuleuse gazeuse* originelle ; — le Cercle 2 vibre
comme les 9 Corps météoriques (Fer, Cobalt, Nickel, Ruthénium, Rhodium, Palladium, Osmium, Iridium, Platine),
Corps, dont certains se retrouvent dans les Météorites provenant soit de la Zone comprise entre Mercure et Vénus,
soit plutôt de la Zone comprise entre Mars et Jupiter; —
le Cercle 3 vibre comme les Gaz rares (Néon, Argon, Krypton, Xénon); ce Cercle rejette les 4 Gaz des Nébuleuses
gazeuses (Coronium, Hydrogène, Nébulium, Hélium); ces
4 derniers Gaz se manifestent sur le Cercle 1 et dans l'Aire
circonscrite par ce Cercle ; — le Cercle 4 vibre comme chacun
des Corps minéraux, à l'exception des Terres rares, et des
Corps radio-actifs. Pourquoi? Il semblerait que les Terres
rares et les Corps radio-actifs n'ont été constitués qu'à une

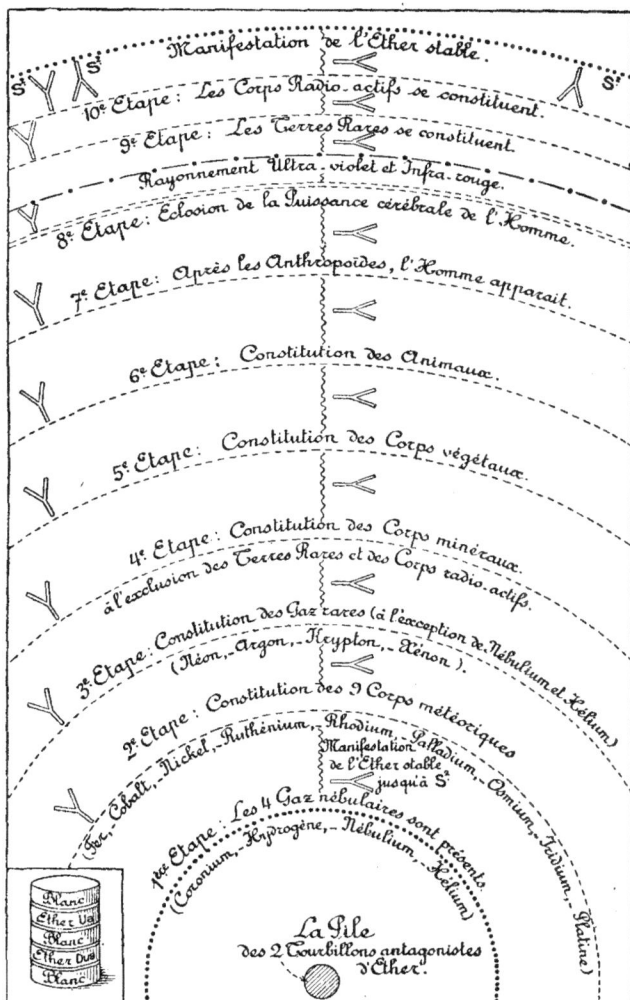

FIG. 14. — La Pile des 2 Tourbillons antagonistes d'Éther donne un Champ spectral, qui expose l'ordre des Constitutions sur notre Terre passant de la Période stellaire à la Période planétaire.

Etape bien postérieure, ce que nous aurons à déterminer en observant les Cercles 9 et 10 ; — le Cercle 5 vibre comme chacun des Corps végétaux ; la Vie végétale s'organise à cette Etape d'organisation et progresse rapidement.

Il semblerait que la Vie végétale s'est éveillée sur la Terre bien avant la Vie animale. Dans ses conclusions sur *L'Origine de la Vie*, le botaniste Julien Costantin a écrit : « Il paraît assez vraisemblable d'admettre que *les Etres verts sont apparus les* premiers ». Osborn, célèbre paléontologiste, a, en 1918, émis l'hypothèse que *la Vie* avait dû naître sur les Continents èt non dans les Mers. M. Lucas, directeur de l'American Museum of Natural History, de New-York, écrit dans son ouvrage *Les Animaux préhistoriques :* « La Terre était déjà un Etre vénérable, quand son Ecorce fut assez refroidie pour se prêter à l'existence de *Cellules végétales ;* elle dut attendre *encore longtemps* pour que la Cellule animale trouve, en ce bas monde, un milieu habitable ». Au 11e Verset de la Genèse, Moïse marque la création de la Plante avant celle de l'Animal. La *Vie végétale* a pu *éclore spontanément,* les Radiations solaires étant favorable à la formation des feuilles vertes, surtout dans une *Atmosphère chaude,* surchargée d'Humidité et de Gaz carbonique. Ce ne serait que *vers la fin de l'Ere primaire,* la Terre s'étant en partie solidifiée, que l'Air atmosphérique devint respirable pour les Animaux (6e Etape).

Apparurent successivement les Crustacés Trilobites, les Ammonites, les Poissons ganoïdes, les Batraciens, les Reptiles, les grands Sauriens, les Oiseaux ; puis les premiers Mammifères, les Cétacés, les Quadrumanes, les Eléphants, les Chevaux, les Rennes, les Lémuriens, les Simiens.

A la Septième Etape, vers la fin de l'Ere tertiaire, l'Homme apparut, probablement en Asie centrale ; les Tribus préchelléennes d'Europe semblent dater d'une Ere comprise entre la 3e et la 4e Période glaciaire ; au moment où l'Homme surgit, il ne possédait pas la plénitude de sa Puissance cérébrale : il n'en fut doté qu'au Cours de la 8e Etape.

La constitution minérale, suspendue après la 4e Etape,

reprit à une 9ᵉ et à une 10ᵉ Etape; à la 9ᵉ Etape se constituent les *Terres rares* et à la 10ᵉ Etape les *Corps radio-
actifs.*

Ce qu'est la Matière. — En 1882, M. Delaveau, professeur de Physique, écrivait dans son ouvrage sur *La Matière :*
« *Notre ignorance au sujet de ce que nous nommons Matière
est complète;* nous donnons ce nom à *ce principe,* dont nous
ignorons la nature, et *qui constitue tous les Corps que nos
sens nous permettent de percevoir;* nous lui attribuons les
causes de toutes les sensations que nous éprouvons ».

Le savant anglais William Crookes disait : « Ce que nous
nommons *Matière* n'est, ni plus, ni moins, que l'effet produit sur nos sens par les mouvements des molécules; *la
Matière* n'est donc qu'un mode de mouvement et *une cause
de sensation* ».

Pour Frédéric Houssay, doyen de la Faculté des Sciences
de Paris : « Nous sommes enclin à considérer *la Matière*
comme *une apparence; les expériences sur les Tourbillons,*
aériens ou liquides, exécutés par Lord Kelvin, par J. J. Thomp-
son, par Weyher, *établissent un rapport étroit entre le Tourbillon et la Vibration*; elles nous figurent la constitution et
la cohésion des Solides, comme *un rapprochement de Tourbillons;* .... beaucoup de Physiciens sont prêts à dire que
la Matière est de l'Electricité..... ». Dès 1903, dans son *Traité
de Chimie physique,* le professeur Jean Perrin avait écrit :
« Au lieu de considérer *les fluides électriques* comme contenus
dans la Matière, on admet qu'ils en sont inséparables, qu'ils
sont la Matière elle-même ». Le docteur Gustave Le Bon
écrivait dans son ouvrage sur *L'Evolution de la Matière :*
« ..... *La Force et la Matière* sont *deux formes d'une même
chose; la Matière* représente une *forme stable* de l'Energie
intra-atomique, *la Chaleur, la Lumière, l'Electricité* représentent des *formes instables* de la même Energie, ... *la Matière
se transforme continuellement en Energie* ».

Dans son ouvrage de 1935 sur *Le Rayonnement de la Matière,*
M. André Martin-Laval rappelle que « déjà depuis longtemps,

a été émise cette idée féconde que *la Matière* est *un Concentré d'Energie*, que l'Energie est une forme particulière de vibrations ».

Puisque *la Matière*, qui n'existe qu'*à l'état d'apparence*, n'est en réalité qu'*un accouplement de Tourbillons de Forces*, il est fort naturel que *la Matière vibre comme les Forces vibrent*.

Au sujet des vibrations spontanées de l'Atome, le savant vulgarisateur Marcel Boll écrivait en 1929 : « N'oublions pas qu'à toute température les molécules d'un Corps solide exécutent sur place des vibrations, dont l'Energie est d'autant plus considérable que la température est plus haute ; il faut savoir, en outre, que *tous les Solides émettent du Rayonnement*, lequel devient *visible* pour peu que la température soit suffisamment élevée ; .... *le Rayonnement n'est pas de la Matière ;* on n'y décèle ni fragments de molécule, ni fragments d'atome ; — *le Rayonnement franchit le vide* sans modification, et, si dans de certaines conditions, *il est apte à traverser la Matière ;* non seulement les atomes rencontrés ne facilitent pas la propagation, mais toujours le Rayonnement s'en trouve plus ou moins affaibli ; ces Rayonnements sont donc essentiellement distinctes des vibrations matérielles, telles celles des Sons et des Ultra-sons, qui ne se transmettent que par l'intermédiaire des atomes de l'Air ; — tous les Rayonnements parcourent le Vide avec la même vitesse, qui est de 300.000 kilomètres par seconde ; — *toutes les fois qu'un Rayonnement quelconque rencontre de la Matière*, qui l'adsorbe complètement, l'agitation des Atomes de la Matière se trouve accrue et l'on peut constater une *élévation de température* ».

Les Quatre Forces constitutives de la Matière. — Bien que « Tout s'élève de l'Ether », l'Ether ne constitue pas directement la Matière (la figure 4 permet de constater que l'Ether en mouvement tourbillonnaire manifeste comme les 4 Forces constitutives).

1°. — Que fait l'Ether? — *L'Ether* forme directement *les 4 Forces électriques tourbillonnaires :* les 2 Electricités classiques (l'Electricité négative et l'Electricité positive), ainsi que les 2 Electricités de Haute-Fréquence (que j'ai nommées Super-électricité à Ondes longues et Super-électricité à Ondes courtes).

2°. — De ces 4 Electricités, *la Nature* a formé *le plus léger des Corps*, le *Coronium* ou *Géo-coronium*, qui se présente sous deux aspects : le *Coronium ua* tourbillonne dans un sens et le *Coronium dua* tourbillonne en sens contraitre ; la masse de chacun des 2 Coronium n'est que moitié de l'Unité atomique admise actuellement.

3° Les Coronium se sont groupés pour constituer certains Corps, tels l'Hydrogène (tels l'*Hydrogène ua* et l'*Hydrogène dua*, qui ont des sens de tourbillonnements antagonistes).

4° Certains Corps sont constitués par l'Hydrogéne, faisant office de *Proton ; le Nébulium* est fait de 3 *Hydrogènes dua ;* — et l'*Hélium* est fait de 4 *Hydrogènes ua.*

5° Le *Nébulium* constitue — lui aussi — certains Corps, tel l'Or, qui est fait de 66 Nébulium; d'où cette masse atcmique de 198 Unités pour l'Or : (66 × 3 = 198).

6° De même l'*Hélium* constitue certains Corps, tels le Néon, dont la masse atomique est de 20 Unités et qui est fait de 5 Hélium.

7° Certains Corps sont faits, *tout à la fois de Coronium et d'Hydrogène*, tel le Sodium, fait de 12 *Hydrogènes dua* et de 22 *Coronium dua ;* comme le Coronium a apporté avec lui les 4 Forces constitutives, on ne sera pas étonné en faisant l'Analyse du Sodium (ou d'autres Corps) de rencontrer les 4 Forces électriques sur les 4 premiers Cercles spectraux du Champ spectral de Décomposition et de Dispersion. Tout praticien radio-physicien peut reconnaître si la Matière est réellement constituée par ces 4 Tourbillonnements d'Ether nommés Electricités classiques et Super-électricité; il suffira au praticien, déjà tant soit peu expert, d'analyser la Matière, après avoir provoqué l'apparition d'un Champ spectral de décomposition et de dispersion.

Cette analyse est, en réalité, à la portée de qui veut se

4*

renseigner, puisque les 5 Piles de base à utiliser sont : 1º la
Pile d'Electricité négative (un Disque vert sur un Disque
blanc); — 2º la *Pile de l'Electricité positive* (deux Disques
verts sur deux Disques blancs); — 3º la *Pile de la Super-*
électricité longue (six Disques verts sur six Disques blancs;
— 4º la *Pile de la Super-électricité courte* (sept Disques
verts sur sept Disques blancs; — puis la Pile de l'Ether
précédemment décrite (*fig.* 2) et devant servir à l'auscultation de la manifestation azimutale.

Pour que l'Analyse soit complète, il sera nécessaire de
disposer, en outre, de 3 autres Piles ayant même valeur

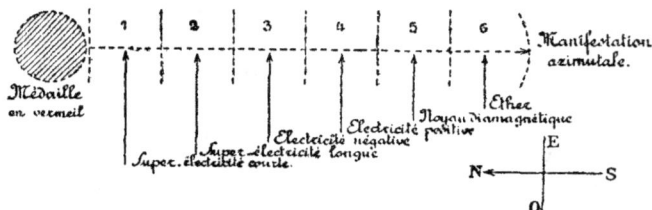

Fig. 15. — *La manifestation azimutale d'une Médaille en vermeil.* — Cette
manifestation azimutale s'est orientée vers le Sud, comme toutes manifestations de l'Or.

radiante que les 3 *Noyaux animateurs,* qui sont constitués
par les 4 Forces constitutives; — ces 3 Noyaux animateurs
ont été dénommés : *Noyau para-magnétique, Noyau dia-*
magnétique, Noyau vital. La Pile du *Noyau para-magné-*
tique sera constituée par 3 *Eléments de Pile* faits de : un
Disque vert (vert d'Eau clair) sur un Disque blanc; la Pile
du Noyau dia-magnétique sera faite de 5 Eléments de Pile;
les Eléments verts sur blancs sont bien préférables à tous
autres.

Nantis des Éléments, qui sont nécessaires pour *l'Analyse*
de la Matière, nous pouvons procéder à une Analyse. A titre
d'exemple, je vais analyser une Médaille en vermeil, qui
m'a été décernée pour mes travaux sur *L'Hydrologie sou-*
terraine par *la Société d'Encouragement pour l'Industrie*

nationale. Je constate tout d'abord que *la manifestation azimutale* de cette Médaille se dirige vers le Sud, et, par suite, correspond à la manifestation de l'Or; l'auscultation de la manifestation azimutale permet de constater, à l'aide de mes Piles de Forces, que *les 4 Forces constitutives sont présentes dans les zones* 1, 2, 3 et 4; dans la zone 5, présence de la manifestation nucléaire; et, dans la zone 6, *manifestation de l'Ether stable, Ether des interstices de la Matière*.

Quand et Comment se sont constitués les Corps simples? — Notre Monde est né de la colossale Nébuleuse entrevue par le marquis de Laplace; cette Nébuleuse, simple *Nébuleuse gazeuse* au début, a prolifié au cours de son processus évolutif, et sa *Matière primordiale* a pu s'étendre sur une aire d'un immense rayon.

La colossale Nébuleuse évoluée tournait dans l'Espace céleste; dans cette Nébuleuse les Corps devaient se former par groupements des Gaz, par groupement de Coronium, d'Hydrogène, de Nébulium, d'Hélium; la Force centrifuge, croissant peu à peu, un jour se détacha un bloc de *Matières naissantes*, qui allaient constituer notre Terre.

Lancée dans l'Espace, *notre Terre était incandescente comme le Soleil*, dont elle venait de se détacher. L'Oxygène, l'Azote, l'Hydrogène, le Gaz carbonique et aussi le Chlore, avec de nombreuses Vapeurs métalliques, constituèrent une Atmosphère, c'est-à-dire *une Sphère gazeuse enveloppante;* surchauffés, l'Hydrogène et l'Oxygène formèrent de la Vapeur d'Eau (H_2O), qui se mêla aux Vapeurs métalliques; les Corps incandescents, qui formaient le Bloc stellaire terrestre, s'étagèrent dans le Globe, les plus légers montant vers la surface, les plus lourds demeurant au centre. La Vie stellaire de la Terre n'eut qu'un temps; lorsque la Terre cessa d'être une *boule en feu*, il se forma, en surface, une couche de métaux légers; ces métaux étaient le Silicium, l'Aluminium, le Calcium, le Magnésium, le Sodium, le Potassium, le Fer; *les Corps légers s'oxydèrent;* la Silice s'empara des Oxydes pour faire des *Silicates ;* se formèrent aussi des Car-

	Géo coronium (4)	Lithium (7) Ua et Dua	Glucinium (9) 1/2	Bore (11) Hydrogène	Carbone (12)	Azote (14) Ua et Dua	Oxygène (16) 1	Fluor (19)	Nébulium (3)
	Ne 20	Na 23	Mg 24	Al 27	Si 28	P 31	S 32	Cl 35	Mn 54
	Ar 40	K 40	Ca 41	Sc 44	Ti 46	V 51	Cr 52		
Fe 56 · Co 58.5 · Ni 59	Kr 83	Cu 64	Zn 66	Ga 71	Ge 73	As 75	Se 79	Br 80	
	Xe 130	Rb 85	Sr 88	Y 89	Zr 91	Cb 93	Mo 96		
Ru 103 · Rh 104 · Pd 106		Ag 108	Cd 113	In 115	Sn 119	Sb 121	Tc 127	I 128	
		Cs 133	Ba 137	La 139	Ce 140	Pr 141	Nd 145		Ma 147
		Sm 150	Eu 152	Gd 158	Tb 160	Dy 162	Ho 164	Er 168	
Os 191 · Ir 193 · Pt 195		Tu 169	Yb 173	Lu 175	Ct 179	Ta 182	W 184		Flo 148
	Rn 222	Au 198	Hg 201	Tl 204	Pb 207	Bi 210	Po 214		Re 190
		Ac 226	Ra 227	Pr,Ac 230	Th 232	Ux² 238	U 239	218	?

Légende :

Cu	..... Formule du Corps
64	..... Masse atomique radio-physique

Fig. 16. — Tableau de Classification en damiers H. M.

Géo coronium	Ua et Dua $\frac{1}{2}$		Hydrogène	Ua et Dua 1		Nébulium 3

Hélium 4	Lithium 7	Glucinium 9	Bore 11	Carbone 12	Azote 14	Oxygène 16	Fluor 19
	Ne 20	Na 23	Mg 24	Al 27	Si 28	P 31	S 32	Cl 35
	Ar 40	K 40	Ca 41		Sc 44	Ti 48	V 51	Cr 52	Mn 54
Fe 56 Co 58.5 Ni 59		Cu 64	Zn 66	Ga 71		Ge 73	As 75	Se 79	Br 80
	Kr 83 Rb 85	Sr 88		Y 88	Zr 91		Cb 93	Mo 96	Ma 101
Ru 103 Rh 104 Pd 106		Ag 108	Cd 113	In 115		Sn 119	Sb 121	Tc 127	I 128
	Xe 130 Cs 133	Ba 137		Lu 139	Ce 140		Pr 141	Nd 145	Flo 148
	Sm 150	Eu 152	Gd 158		Tb 160	Dy 162	Ho 164	Er 168
	Tu 169	Yb 173		Lu 175	Ct 179		Ta 182	W 184	Re 190
Os 191 Ir 193 Pt 195		Au 198	Hg 201	Tl 204		Pb 207	Bi 210	Po 214	218
	Rn 222 Ac 226	Ra 227		PrAc 230	Th 232		Ux' 238	U 239	?

Cu 64 .... Formule du Corps
        .... Masse atomique radio-physique

Fig. 16. — Tableau de Classification en damiers H. M.

bonates et des Chlorures : ainsi se constitua *la Croûte ter-restre*, la *Lithosphère*. Cette Écorce solidifiée sur 70 kilo-mètres en profondeur, a-t-on dit, émergea de l'Océan sur un tiers de la surface ; ainsi se formèrent *les Continents ; les Océans* couvrirent plus des deux tiers de l'Ecorce.

Au-dessous de la Lithosphère demeurait — et demeure — une *Zone ignée*, une *Zone de Roches en fusion*, dite *Pyrosphère* (ou Sphère de Feu) ; c'est de cette zon° que montent les Corps rejetés par les Volcans ; la puissance d'explosion des Volcans semble être causée par des infiltrations d'Eaux marines ; l'existence de cette Zone ignée est attestée, non seulement par les Volcans, mais aussi par les Geysers, les Eaux thermales, la Géo-thermie, puisque la température de la Croûte terrestre s'élève à mesure que l'on pénètre en profondeur.

Au delà de la Pyrosphère, autre zone ignée, la *Barysphère* souvent considérée comme étant un Noyau magnétique ; il ressort de mes Études radio-physiques que la Barysphère contient, à l'état igné, des Corps météoriques et des Corps radio-actifs (voir Page 29 et *fig*. 11 et 12).

De quoi sont faits les Corps figurant dans la Première rangée horizontale des Tableaux de Classification? Le Lithium (de masse atomique 7), le Glucinium (de Masse 9), le Bore (de Masse 11), le Carbone minéral (de Masse 12), l'Azote (de Masse 14), l'Oxygène (de Masse 16), le Fluor (de Masse 19) ont tous les 7, un même Elément de Constitution, qui est l'*Hydrogène dua*.

Le Lithium est fait de 7 Hydrogènes *dua ; —* le *Gluci-nium* de 9 Hydrogènes *dua, —* le Bore de 11 Hydrogène *dua ; —* le Carbone (minéral) de 12 Hydrogènes *dua, —* l'Azote de 14 Hydrogènes *dua ; —* l'Oxygène de 16 Hydrogènes *dua ; —* le Fluor de 19 Hydrogènes *dua*.

En bombardant des Corps simples, notamment l'Azote, avec des Rayons α, Sir Rutherford a, *de l'Azote, tiré de l'Hy-drogène*.

Ces constatations faites, étudions les Corps de la Deuxième rangée horizontale, en exceptant les Corps météoriques et les Gaz rares ; les constitutions des 7 autres Corps (de la

Deuxième rangée) seront les suivantes :

	Coronium *dua*			Hydrogène *dua*		
Sodium.............	22 soit	11	Unités +	12 =	P. A.	23
Magnésium	28	14	—	10 =	—	24
Aluminium	26	13	—	14 =	—	27
Silicium.............	26	13	—	15 =	—	28
Phosphore..........	24	12	—	19 =	—	31
Soufre..............	22	11	—	21 =	—	32
Chlore..............	22	11	—	24 =	—	35

Après la Rangée des Corps suivant horizontalement le Sodium dans le Tableau 16, *Tableau de Classification en damiers rythmés*, que j'ai dressé en 1934, étudions la Rangée horizontale des Corps suivant le Potassium, c'est-à-dire : Calcium, Scandium, Titane, Vanadium, Chrome, Manganèse :

	Hydrogène *dua*		Coronium *dua*				
Potassium......	20 (Unités) +		40 soit	20	Unités =	P. A.	40
Calcium........	26	—	30	15	— =	—	41
Scandium......	30	—	28	14	— =	—	44
Titane	33	—	30	15	— =	—	48
Vanadium......	35	—	32	16	— =	—	51
Chrome	39	—	26	13	— =	—	52
Manganèse.....	—	—	—			—	54

Au-dessous de la Rangée horizontale du Potassium, s'aligne la Rangée du Cuivre :

	Hydrogène *ua*		Coronium *ua*				
Cuivre	51 (Unités) +		26 soit	13	Unités =	P. A.	64
Zinc	60	—	12	6	— =	—	66
Gallium	62	—	18	9	— =	—	71
Germanium ...	69	—	8	4	— =	—	73
Arsenic	71	—	8	4	— =	—	75
Sélénium	74	—	10	5	— =	—	79
Brome	75	—	10	5	— =	—	80

Au-dessous de la Rangée horizontale du Cuivre s'étend la Rangée du Rubidium :

	Hydrogène *dua*		Coronium *dua*					
Rubidium	43 (Unités)	+	84 soit	42 Unités	=	P. A.		85
Strontium	51	—	74	37	—	=	—	88
Yttrium	60	—	58	29	—	=	—	89
Zirconium	61	—	60	30	—	=	—	91
Niobium.......	65	—	56	28	—	=	—	93
Molybdène	68	—	56	28	—	=	—	96
Mazurium	73	—	56	28	—	=	—	101

Au-dessous de la Rangée horizontale du Rubidium, Rangée de l'Argent :

	Hydrogène *ua*		Coronium *ua*					
Argent.........	76 (Unités)	+	64 soit	32 Unités	=	P. A.		108
Cadmium	82	—	62	31	—	=	—	113
Indium	84	—	62	31	—	=	—	115
Étain	87	—	64	32	—	=	—	119
Antimione.....	90	—	62	31	—	=	—	121
Tellure........	91	—	72	36	—	=	—	127
Iode	94	—	68	34	—	=	—	128

Puis, Rangée du Cœsium (interrompue par le Bloc des Terres rares) :

	Hydrogène *ua*		Coronium *ua*				
Cœsium	66 (Unités)	+	134 soit	67 Unités	=	A.P.	133
Baryum.......	71	—	132	66	—	=	— 137

Plus bas, beaucoup plus bas, Rangée de l'Or, serrée entre la formation des Terres rares et la formation des Corps radioactifs.

Les Corps de la Rangée de l'Or sont constitués exclusivement par le Gaz Nébulium ; à chaque Corps s'ajoute un Nébulium au nombre de Nébulium constitutifs du Corps précédant : la Masse du Nébulium est de 3 Unités atomiques :

Or	66 Nébulium = P. A. ...	198
Mercure...............	67 — = — ...	201
Thallium	68 — = — ...	204
Plomb	69 — = — ...	207
Bismuth	70 — = — ...	210

La composition des *Terres rares* (9ᵉ Etape, *fig.* 14) est

extrêmement simplifiée ; elle est faite exclusivement d'Hydrogène *dua.*

		Hydrogènes *dua*			Hydrogènes *dua*
Lanthane	fait de	139	Terbium	fait de	160
Cérium	—	140	Dysprosium	—	162
Praséodyme	—	141	Holmium	—	164
Néodyme	—	145	Erbium	—	168
Samarium	—	150	Thulium	—	169
Europium ·	—	152	Ytterbium	—	173
Gadolinium	—	158	Lutécium	—	175

Le Celtium (P. A. 179) est fait de 179 Hydrogènes *dua.*

Passons aux *Corps radio-actifs* (10e Etape, *fig.* 14). — Les Corps radio-actifs sont constitués selon 3 Genres d'Agencement :

1º par de l'*Hélium* et rien d'autre : tel le *Thorium* fait de 58 Hélium (58 × 4 = 232), d'où P. A. 232 ;

2º par de l'*Hélium* uni à de l'*Hydrogène ua ;* telle est la constitution du *Radium,* qui est fait de 56 Hélium (56 × 4 = 224) + 3 Hydrogène *ua,* soit 224 + 3 = Masse atomique : 227 ; — telle est aussi la constitution de l'*Uranium,* fait de 59 *Hélium* (59 × 4 = 236) + 3 Hydrogènes *ua,* soit Masse atomique 239.

3º Troisième genre d'agencement : un *Radical* fait de 53 *Hélium* et ayant par suite la valeur de 212 Unités atomiques, auxquelles se joint de l'Hydrogène *ua ;* — tel est constitué l'*Actinium* fait du *Radical* 212, auquel se joint 14 Hydrogène *ua,* ce qui porte la masse atomique de l'Actinium à 226 Unités atomiques ; — tel est également constitué le *Proto-actinium,* fait du Radical 212, auquel se joint 18 Hydrogènes *ua ;* par suite, le Poids atomique (P. A.) ou Masse atomique du Proto-actinium est de 212 + 18, soit 230 Unités.

Tels sont les Eléments de constitution gazeux des 94 Corps simples.

La Structure des Atomes révélée par la Radio-physique. — De nombreuses et doctorales hypothèses ont été hasardées sur la Structure des Atomes : elles ont amené ces répliques : du professeur Sody : « Le Noyau de l'Atome? Encore inaccessible ! »; — de M. Lepape : « Aucun fait ne nous permet encore d'élucider la constitution de l'atome »; — de Madame Curie : « Il apparaît clair que de graves difficultés restent à surmonter pour comprendre la structure des Noyaux »; — du professeur de Chimie physique Berthoud : « *On ne sait rien de précis sur la constitution des Noyaux atomiques* ».

Sir E. Rutherford avait cependant, en 1911, donné une idée assez correcte de l'Atome, lorsqu'il représentait l'*Atome* comme *un Système solaire en miniature*, dans lequel *le Soleil* est représenté par un *Noyau positif* complexe et *les Planètes* par des Electrons, particules d'Electricité négative plus ou moins nombreuses, gravitant autour du Noyau, comme font les Anneaux autour de Saturne.

Les Radio-physiciens ne font *jamais d'Hypothèses ;* ils évoquent des Champs spectraux, les scrutent, et notent ce qui apparaît.

Ainsi, lorsque un Radio-physicien a évoqué le Champ spectral du Chrome (*fig.* 1) : I° Dans la première Zone, Zone centrale, il étudie une *Piste nucléaire* sur laquelle gravitent, en marche indirecte, et à 180° l'un de l'autre, *jour et nuit, sans arrêt,* 2 Paquets nucléaires, constitués de 2 Éléments distincts, à savoir : *de l'Electricité positive,* et, joints à cette Electricité, un Noyau de constitution para-magnétique et un Noyau de constitution dia-magnétique ; — II° Dans la Troisième Zone, sur le *Cercle électronique* (S¹) gravitent, d'une part *de l'Electricité négative,* d'autre part, faisant bloc avec cette Électricité, un Noyau de constitution para-magnétique, ainsi qu'un Noyau de constitution dia-magnétique ; fait encore plus nouveau et plus important, sur ce Cercle électronique gravitent, de l'Est vers le Nord et à l'Ouest, des Electrons (Ions négatifs) à petite distance l'un de l'autre ; cela sans arrêt.

En constatant les mouvements sans arrêt, pendant des jours, des mois, des années, des Eres entières, sur le Cercle nucléaire positif et sur le Cercle électronique négatif des *Corps inorganiques*, peut-on ne pas songer à établir un certain rapprochement entre les évolutions des Corps inorganiques, qui durent *ce que dure la Matière*, et les pulsations constantes du cœur des Etres organiques.

Le nombre des Corps chimiquement insécables. — A l'époque où Henri Regnault, professeur au Collège de France et à l'Ecole Polytechnique, écrivait ses *Premiers Eléments de Chimie*, — c'était en 1855, — on ne songeait guère à classer les Corps minéraux ; *on les énumérait ;* Henri Regnault notait : « Les Corps simples aujourd'hui connus sont au nombre de 60 ; les Chimistes sont généralement d'accord pour diviser les Corps simples en *Métalloïdes* et en *Métaux ;* mais il est devenu très difficile de préciser les caractères sur lesquels on fonde cette division ; on donne le nom de *Corps simples* aux substances, qui, soumises aux diverses réactions que nous pouvons produire aujourd'hui dans un laboratoire, n'ont pas été résolues en d'autres substances ; nous ne voulons pas affirmer par là que ces Corps sont réellement simples ; il est très possible que les progrès futurs de la Science nous permettent, par la suite, d'opérer des décompositions, qui ont résisté à nos moyens actuels, et que, alors, un certain nombre de Corps que nous regardions aujourd'hui comme Simples — peut-être même tous ces Corps, — soient considérés comme des Corps composés ».

Cette prophétie chimique s'est trouvée en partie réalisée ; dans les 60 Corps énumérés par Henri Regnault se trouvait le *Didyme*, que Auer von Welsbach sépara, en 1885, en *Néodyme* et *Proséo-dyme ;* se trouvait aussi l'*Erbium*, dont, en 1878, Marignac tira l'*Ytterbium*, et dont, en 1879, Clève et Soret tirèrent l'*Holmium ;* et, de l'*Holmium*, Lecoq de Boisbaudran tira le *Dysprosium* en 1886.

La liste des 60 Corps de Henri Regnault allait aussi être allongée par la découverte de Corps nouveaux ; d'abord, grâce à *l'Analyse spectrale, le Thallium* fut découvert en 1861 par Crookes dans un dépôt sélénifère ; l'*Indium*, en 1863, par Reich et Richter dans du Zinc; le *Gallium*, en 1875, par Lecocq de Boisbaudran dans une Blende. Les Terres rares dédoublées allaient donner 15 Corps simples; et, en 1895, William Ramsay et Lord Rayleigh découvraient dans l'Air atmosphérique l'*Argon ;* puis dans le Spectre de l'*Hélium*, que Jansen avait signalé, en 1868, comme existant dans la Chromosphère solaire; au cours de distillations fraction- nées de l'Air liquide, Ramsay et Traver recueillirent de l'*Hélium*, du *Néon*, de l'*Argon*, du *Krypton* et du *Xénon*.

Moi-même, en analysant des Eaux, dites H. M., provenant d'une Zone ignée de notre Globe, j'ai découvert, au début de 1938, 3 *Corps radio-actifs* inconnus jusqu'ici; les masses atomiques de ces 3 Corps sont 251 — 270 — 289; j'ai pu constater depuis que ces 3 Corps radio-actifs sont présents dans le Soleil.

Ce ne fut qu'en 1869 que le chimiste russe Mendeléïev dressa un Tableau rangeant les Corps dans l'ordre de leurs Masses atomiques, en les repartissant sur 7 Colonnes juxta- posées : l'Hydrogène ne put trouver place dans ces Colonnes. Dans la Table de Mendeleïev ne figurait que 59 Corps; demeu- raient vides les casiers, dans lesquels furent placés plus tard le *Scandium* (tiré de l'*Erbium* en 1879 par Nilson), le *Gallium* (découvert en 1875), le *Germanium* (découvert en 1886 par Winckler), l'*Yttrium* demeuré longtemps insépa- rable de l'*Erbium* et du *Terbium ;* demeuraient vides les casiers des *Terres rares* et les casiers de quelques *Corps radio- actifs*.

Dix-sept ans après la découverte des Rayons X par le professeur Röntgen, W. H. Bragg et Bragg fils découvraient en Angleterre (c'était en 1912) *la Réflexion des Rayons X sur les faces cristallines ;* les cristaux renvoient les Rayons *X* d'une longueur d'onde correspondant aux distances inter- atomiques de leur structure interne; *chaque Corps* simple possède un *Spectre de Rayons X réfléchis*, qui lui est propre, comme il possède un *Spectre lumineux caractéristique* et un *Spectre normal*. Il résulte des Travaux de Moseley que la Fréquence des Spectres de Rayons X s'accroît en fonction de la place occupée par un Corps dans les Tableaux de Classification périodique ; *ayant cru pouvoir conclure* que chacune des Places successives du Tableau de classification des Eléments correspond à une *différence constante de une Unité* dans la charge de l'atome, le professeur Soddy fut conduit à numéroter chacun des casiers ; à chaque casier, il assigna un Numéro atomique, un *Nombre atomique*. A ce sujet, M. A. Lepape conclut : « Les faits mis en lumière par l'Etude de la Radio-activité et des Spectres de Rayons X, nous obligent à conclure que la *Grandeur fondamentale*, d'où dépendent les propriétés physiques et chimiques de la Matière, n'est pas le Poids atomique, mais le *Nombre atomique* », cela à condition qu'aucun Corps nouveau ne vienne s'intercaler dans le numérotage du professeur Soddy. A remarquer que tous les Corps ont un Poids atomique, alors que tous les Corps n'ont pas un Nombre atomique : n'ont pas de Nombre atomique : le Coronium, le Nébulium, le Mazurium, le Rhénium et d'autres.

La Classification des Corps inorganiques en Familles.
— Pour obtenir une Classification par Famille, il convient d'agencer une Colonne de 4 Eléments (*fig.* 17) à savoir : à la base la Pile de l'Ether, au-dessus la Pile de l'Uranium. puis les Piles de l'Hydrogène *ua* et de l'Hydrogène *dua*, Dès que cette Colonne de Piles est dressée au sol, un Champ spectral de grande dimension apparaît : 14 Cercles concentriques peuvent être accrochés.

Le Premier Cercle a même Rayonnement que le Lithium ; si, ensuite, on met en main gauche contre la tige gauche de la Baguette — qui fait office de *Stéthoscope* « sui generis », — le Lithium avec le Potassium, puis successivement avec le Rubidium, le Cœsium, le Thulium, l'Actinium, la présence de ces Corps s'affirme nettement sur le Premier Cercle.

Si, ayant en main gauche le Sodium, on prend contact avec le Deuxième Cercle, la Baguette frémit ; elle frémit de même *si, au Sodium, on adjoint successivement* — non pas le Lithium — mais du Cuivre, de l'Argent, du Samarium,

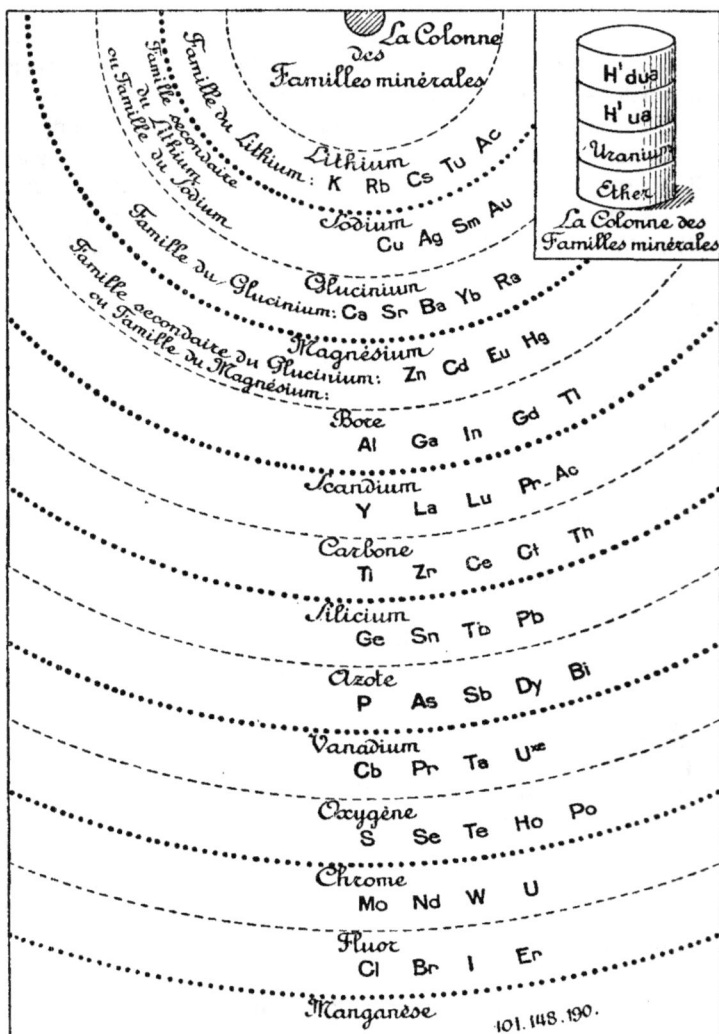

FIG. 17. — *La Colonne des Familles minérales.* — Familles du Lithium, du Glucinium, du Bore, du Carbone, de l'Azote, de l'Oxygène, du Fluor et Familles secondaires.

de l'Or. La Famille du Lithium est donc indépendante de
de la Famille du Sodium,mais la *Famille du Sodium* pourrait être nommée *Famille secondaire du Lithium*. Il en est
de même des autres Familles couplées, c'est-à-dire les Familles
Glucinium et Magnésium, — Bore et Scandium, — Carbone
et Silicium, — Azote et Vanadium, — Oxygène et Chrome,
— Fluor et Manganèse.

Tous les *essais de Classification* tentés avant 1869 ont
été vains. La Classification de Thénard, modifiée par Regnault
et par Troost, répartissait les Corps en 8 Sections : Métaux
décomposant l'Eau à la température ordinaire; — Métaux
décomposant l'Eau à 100°; — Métaux décomposant l'Eau
au rouge sombre; etc. La Table de Mendeléïev vint, enfin,
en 1869, caser les Corps d'après leur Masse atomique et
d'après leur capacité pour l'Hydrogène. La Table de 1869 a
été retouchée et complétée par différents Chimistes pour
placer sur cette Table les Corps successivement découverts
(Terres rares, Corps radio-actifs, ...).

La Radio-physique est venue, en 1934, apporter une répar-
tition des Corps plus naturelle et plus complète (Corps de
Masses 101, 148, 190, ...); (Voir notre Tableau de Classification en damiers : *fig. 16*).

Les Analyses radio-physiques. — Le Radio-physicien a *pour premier devoir d'analyser en Laboratoire* les Corps
minéraux, solides, liquides, gazeux; il doit sur le Terrain
analyser, de la Surface du Sol, les Corps minéraux et les
Eaux, qui se trouvent en profondeur.

Les Analyses chimiques ont été parfois critiquées. Albert
Robin, professeur de Clinique thérapeutique, membre de
l'Académie de Médecine et G. Bardet, vice-président de la
Société de Thérapeutique, écrivaient, en 1913, dans l'*An-
nuaire des Eaux minérales :* « Quand nous analysons une
Eau, nous sommes très ignorants des combinaisons qui s'y
rencontrent; tout ce que nos savons — *tout ce que la Science
nous permet de connaître,* — c'est qu'il se trouve *certains
Acides* et *certaines Bases,* qu'il nous est possible d'isoler;

les différents métaux qui se trouvent en combinaison dans celle Eau n'y sont certainement pas dans les conditions que nous imaginons, et *les Tableaux d'Analyses,* que nous avons l'habitude de consulter, *sont erronés,* malgré leur apparence mathématique ; ces Analyses représentent donc un très mauvais moyen de nous rendre compte de la composition chimique d'une Eau, car *elles ont le défaut de fixer surtout notre attention sur des sels, dont l'existence est hypothétique..... ».*

Plus loin, les deux Savants portent un jugement sévère sur «..... *l'Analyse chimique, moyen grossier d'investigation.....».*

La Chimie peut, incontestablement, *reconnaître tous les Corps simples en dissolution dans une Eau.* Ainsi, la Société d'exploitation des Eaux de Bagnoles-de-l'Orne faisait publier, en 1913, *l'Analyse chimique* des Eaux de la Grande-Source ; cette analyse avait reconnu 7 Eléments électro-négatifs : Calcium, Fer, Lithium, Magnésium, Potassium, Sodium, Strontium, — et 6 Eléments électro-positifs : Antimoine, Arsenic, Chlore, Phosphore, Silicium, Soufre. Ces Corps ne demeurent pas dans les Eaux à l'état des Corps simples ; ils s'unissent entre eux. Comment? Les Chimistes ne peuvent le reconnaître ; d'où cette constatation du professeur Albert Robin : « *Nous sommes très ignorants des combinaisons* ». Après avoir reconnu les Eléments simples présents, les Chimistes font ce qu'ils nomment des *Analyses hypothétiques,* soit en suivant les Règles du chimiste allemand Fresenius, soit en se guidant sur d'autres méthodes de suppositions.

Une méthode d'*Analyse simplifiée des Eaux,* imaginée par le Chimiste anglais Clark, obtint, pendant un temps, une certaine vogue sous le nom de *Analyse hydrotimétrique ;* cette méthode devait permettre de reconnaître le nombre de centigrammes de Sels terreux contenus par litre dans une Eau, cela d'après la quantité de savon employée pour produire une *mousse persistante* dans cette Eau ; pour déterminer le Degré hydrotimétrique d'une Eau, on versait dans un flacon spécial, dit hydrotimétrique, quarante centimètres cubes d'Eau et l'on ajoutait goutte à goutte une liqueur d'épreuve, c'est-à-dire une solution de savon dans de l'eau alcoolisée; on agitait le flacon après chaque addition de liqueur, jusqu'au moment où apparaissait une mousse fine et soyeuse, ayant au moins un demi-centimètre d'épaisseur; un degré hydrotimétrique, ainsi obtenu, représentait, *approximativement*, 0^{gr},01 centigramme de sels calcaires et magnésiens contenus dans un litre d'Eau.

Dans mon *Hydrologie souterraine*, de 1912, j'écrivais au sujet de ce procédé d'Analyse : « L'Hydrotimétrie eut un temps beaucoup de vogue; aujourd'hui cette méthode est un peu *délaissée*; ..... *elle est susceptible de diverses causes d'erreur;* la lecture peut varier selon la rapidité avec laquelle on verse le savon; il peut survenir avec *certaines Eaux une fausse mousse,* ..... ». Si ce procédé d'Analyse a pu être employé pour l'examen rapide d'une Eau d'infiltration, *il ne peut être utilisé dès qu'il s'agit d'une Eau de diaclase, productrice de fausse mousse;* mais le Chimiste ne peut distinguer une *Eau de diaclase* d'une *Eau d'infiltration*; seuls les Radio-physiciens peuvent, grâce à leur matériel, distinguer une Eau de diaclase d'une Eau d'infiltration. Dans la *Petite Encyclopédie de Chimie industrielle pratique*, on peut lire (Volume n° 7 : *L'Eau*) : « La Méthode hydrotimétrique présente un assez grand nombre de *causes d'erreurs*, qui produisent, entre les mains de Chimistes non exercés, des écarts grossiers pour la même Eau; il se produit avec certaines Eaux *une fausse mousse*..... ». M. P. Guichard, membre de la Société chimique de Paris, écrivait dans son ouvrage sur *L'Analyse chimique des Eaux :* « Il y a *dans cette Méthode un grand nombre de causes d'erreurs;* ce Procédé est, *aujourd'hui, à peu près abandonné; il est scientifiquement sans valeur* ». En 1927, M. Marcel Boll ajoutait dans son *Memento du Chimiste :* « *L'Hydrotimétrie* doit être considérée comme *un moyen commode; il serait excessif d'exiger d'elle des résultats précis, qu'elle ne peut donner* ».

Pour permettre à la Chimie de ne plus faire d'*Analyses hypothétiques*, des Procédés nouveaux d'investigations étaient nécessaires; *la Radio-physique*, telle je l'ai codifiée, apporte ces *Procédés nouveaux, Procédés infaillibles* entre des mains expertes.

L'Analyse radio-physique d'une Eau en Laboratoire.

— Le Matériel nécessaire pour les Analyses radio-physiques se compose : 1º *Pour accrocher*, d'une *Baguette courte* en baleine polaire; 2º Pour *identifier*, de nos *Masses d'accord* et de nos *Couleurs d'accord;* avec, en outre, 4 boîtes de Disques colorés ayant mêmes valeurs que : 1º *l'Eau d'in-filtration;* 2º l'*Eau de diaclase;* 3º *l'Eau de diaclase radio-active;* 4º *l'Eau de diaclase a-métallique dite Eau H. M.;* et 4 autres boîtes de Disques colorés ayant mêmes valeurs que *les Eaux précédentes* lorsqu'elles se trouve *sous forte pression.*

Grâce aux Méthodes radio-physiques, les Analyses, mêmes les Analyses d'Eaux minérales, n'aboutissent plus à des *Bulletins hypothétiques;* l'*Analyse radio-physique* est aussi *précise,* qu'elle est *rapide.*

A titre d'exemple, je citerai un *Bulletin d'Analyse qualitative radio-physique* dressé après l'examen d'une *Eau thermale* du Centre de la France, en Zone hercynienne.

Bulletin d'Analyse : « Eau, nettement *oligo-métallique,* malgré le nombre élevé des Corps présents :

« *Principe dominant* : le *Lutécium* (Lu^2O^3) : principe auquel se joignent :

« 1º *Des Carbonates:* Carbonates de Calcium (CO^3Ca); — Carbonate de Magnésium (CO^3Mg); — Carbonate de Sodium (CO^3Na^2); — Carbonate de Potassium (CO^3K^2); — Carbonate de Lithium (CO^3Li^2); — Carbonate de Rubidium (CO^3Rb^2); — Carbonate de Strontium (CO^3Sr); — Carbonate de Manganèse (CO^3Mn); — Carbonate ferreux (CO^3Fe).

« 2º *Des Sulfates :* Sulfate de Calcium (SO^4Ca); — Sulfate de Magnésium (SO^4Mg); — Sulfate de Strontium (SO^4Sr); — Sulfate de Sodium (SO^3Na^2); — Sulfate de Potassium (SO^4K^2); — Sulfate de Lithium (SO^4Li^2); — Sulfate d'Aluminium ($(SO^4)^3Al^2$); — Sulfate ferreux (SO^4Fe).

« 3⁰ *Des Sulfures* : Sulfure de Sodium (SNa^2); — Acide sulfhydrique (SH^2).

« 4⁰ *Des Chlorures* : Chlorure de Sodium ($ClNa$); — Clorure de Lithium ($ClLi$); — Chlorure de Magnésium (Cl^2Mg).

« 5⁰ *Des Iodures* : Iodure de Sodium et Potassium (INa-IK); — Iodure de Lithium (ILi).

« 6⁰ *Des Bromures* : Bromure de Strontium (Br^2Sr); Bromure ferreux (Br^2Fe).

« 7⁰ *Des Arséniates* : Arséniate de Sodium et de Potassium (AsO^4Na^3 — AsO^4K^3); (Tri-Arseniate).

« 8⁰ *Des Phosphates* : Phosphate de Calcium ($(PO^4)^2Ca^3$; — Phosphate de Magnésium (PO^4Mg).

« 9⁰ *Des Borates* : Borate de Sodium ($BO^4O^7Na^2$); — Tétraborate de Potassium (BO^4O^7K).

« 10⁰ *Des Silicates* : Silicate de Sodium(SiO^3Na^2).

« 11⁰ *Des Nitrates* : Nitrate de Sodium (AzO^3Na); — Nitrate de Potassium (AzO^3K); — Nitrate de Lithium (AzO^3Li); — Nitrate de Calcium ($(AzO^3)^2Ca$; — Nitrate de Strontium ($(AzO^3)^2Sr$.

« 12⁰ *Un Corps radio-actif* : Phosphate d'Actinium.

« 13⁰ *Des Gaz rares* : Néon, — Argon, — Krypton, — Xénon, — avec Azote.

« Flore microbienne : abondante; — Microbes de la Série des Hydrocarburiens (ou Artisans d'Hydrocarbures), constituant dans la Série forméniques des Hydrocarbures compris entre C^2H^6 (Ethane) et C^8H^{13} (Octane); leurs Toxines ont pour formule : AzC^3H^9.

Ce bulletin d'Analyse établit de façon irréfutable que l'Analyse radio-physique est plus précise, *plus scientifique* que l'Analyse chimique.

Autre exemple d'Analyse radio-physique d'Eau en Laboratoire. — Un flacon d'Eau m'est envoyé à fin d'Analyse; il porte cette simple indication : « *Eau de la Moselle* ». Pour analyser cette Eau, le Radio-physicien procédera ainsi :

I⁰ — A l'aide des 8 Piles d'accord correspondant aux

8 provenances d'Eaux, il recherchera quel est le genre d'Eau, qui est soumis à l'Analyse. Il constatera que l'Eau dite Eau de la Moselle est de deux provenances différentes, ou pour mieux dire qu'elle est *un mélange d'Eau d'infiltration* (provenant des pluies et de ruissellement) avec une *Eau de diaclase* montée des profondeurs sous pression; *seuls les Procédés de la Radio-physique permettent d'établir l'origine des Eaux.*

IIo — A l'aide de ses *Piles d'accord colorées*, de ses Piles de Masse et de ses Piles d'Énergie, le Radio-physicien déterminera les Eléments entrant dans la minéralisation du mélange d'Eaux; — il trouvera : Ozone; — Nitrite d'Ammonium; — Nitrite de Magnésium; — Nitrate de Calcium; — Sulfate de Calcium; — Sulfate de Magnésium; — Alumine; — Chlorure de Sodium, — et Silice.

L'Analyse chimique n'aurait pu donner qu'une liste de Corps simples : le Chimiste aurait ajouté une *Liste hypothétique* des Corps composés supposés; *le Radio-physicien n'a pas à imaginer une Liste hypothétique.* En groupant des Piles d'accord, il a constitué des Corps complexes, tels O + O + O (Ozone), des Corps composés, tels SO^4Mg (Sulfate de Magnésium); avec ses combinaisons de Piles, il a pu ausculter la manifestation azimutale et reconnaître — sans erreur possible — quelles combinaisons répondent aux Corps dissous dans l'Eau (la Baguette dans ce cas frémit et s'agite); il a noté les combinaisons, qui, essayées, n'ont pas leurs homologues dans l'Eau étudiée (dans ce cas, la Baguette auscultante n'a pas frémi) ; — par auscultation sur la Manifestation azimutale, le Radio-physicien a pu classer tous les Corps rencontrés *selon leur valeur d'Energie*, car *les Corps les plus chargés d'Energie se trouvent vers la tête de la Manifestation azimutale;* le Corps placé en tête, Corps dominateur, caractérise l'Eau.

IIIo — L'Eau à analyser contient d'autres Corps que les Corps minéraux; le flacon est un véritable *aquarium;* l'Analyse radio-physique détermine par la recherche de certaines valeurs d'Energie : 1o la présence de Végétaux inférieurs (*Algues, Champignons,* ...) ayant une valeur d'Energie de

220 Unités d'Energie; — 2° la présence d'Animaux inférieurs (*Protozoaires*, ...), qui ont une valeur d'Energie de
248 Unités.

IV°. — L'Eau à analyser contient également des *Bactéries*,
dont la valeur d'Energie est de 206 Unités; — la Radio-
physique peut distinguer chaque Espèce bactérienne par
leurs Eléments minéraux biogéniques; dans l'Eau soumise
à mon étude, j'ai constaté la présence : 1° de *Colibacilles*,
dégageant des bulles de Gaz (2/3 d'Hydrogène et 1/3 d'Acide
carbonique); 2° de *Prodigiosus*, microbes porteurs d'un
parasite animal de coloration orangée; 3° de *Bacilles de
Löffler*, dont les toxines constituent le poison diphtérique.

V°. — Au cas où, deux Eaux se mêlent, les Procédés de
la Radio-physique permettent — et *seuls permettent* — de
reconnaître par quelle venue d'Eau ont été apportées les
Bactéries; les 3 Espèces bactériennes citées ont été véhicu-
lées par les Eaux pluviales infiltrées.

Trois autres Espèces bactériennes ont été amenées par
les Eaux de diaclase venant sous pression des profondeurs;
il s'agit de 3 Espèces bactériennes des Zones hercyniennes,
Espèces extrêmement virulentes et dangereuses.

VI°. — Les Radio-physiciens disposent d'un Procédé
fort simple pour reconnaître la valeur globale d'une Eau;
ils recherchent à quelle couleur, quel ton, quelle nuance
correspond la vibration de cette Eau; dans le cas présent,
la vibration est celle du *bleu violacé*, qui, d'après notre *Echelle
des Potabilités*, correspond à' une Potabilité très douteuse ;
si la vibration de cette Eau eut été identique à celle de la
couleur grise, caractéristique des Corps en vie, cette vibration grise eut indiqué une dominance bactérienne, par suite
l'Eau eut été condamnée radicalement.

**L'Analyse radio-physique d'un Corps minéral en
Laboratoire.** — Une boîte scellée nous est apportée; elle
contient un Corps minéral qu'on nous demande d'identifier
et d'analyser; nous plaçons la boîte au sol en prenant toutes
précautions utiles; nous constatons que l'ambiance est

neutre; de suite un *Champ spectral* se dessine; son étude
dira quelle est la nature du Corps contenu dans la boîte,
que ce soit un Corps simple ou un Corps composé.

1º Nous rechercherons tout d'abord l'orientation de la
Manifestation azimutale; nous rencontrons cette manifes-
tion *à l'Ouest en marche indirecte;* le Tableau des Manifestations azimutales est consulté (voir *fig.* 52, page 132 de
mon ouvrage *Les Instruments du Rayonnement de la Matière*);
le Tableau indique que 5 Corps sont dotés d'un Plan azimutal
orienté du Centre vers l'Ouest. S'agit-il de Bismuth, d'Arsenic, de Chrome, de Silicium ou de Carbone? A l'aide de
nos *Masses d'accord*, ou de nos *Couleurs d'accord*, nous serons
fixés en quelques instants : la Baguette mise en contact
avec une Masse d'accord de 12 Unités atomiques a frémi :
nous sommes fixés.

2º Sommes-nous en présence d'un *Carbone* simple, tel
du *Graphite* ou du *Diamant*, ou bien s'agit-il d'un Corps
composé, d'un Carbure, telle la *Paraffine* ($C^{16}H^{34}$), le Brai
($C^{17}H^{36}$), la Houille, l'Anthracite, les Lignites?

Le *Champ spectral*, qui accompagne tout Corps, permet
de reconnaître en quelques instants si le Corps observé est
un Corps simple ou un Corps composé. S'il s'agit d'un *Corps
simple*, les 4 Cercles spectraux détaillent les Forces constitutives de ce Corps : par exemple pour le Graphite : Premier
Cercle : Electricité positive et super-électricité longue; —
Deuxième Cercle : Electricité positive et Electricité négative; — Troisième Cercle : Electricité négative et Noyau
dia-magnétique; — Quatrième Cercle : Noyau para-magnétique et Super-électricité courte. S'il s'agit d'un *Corps composé*, les Cercles spectraux ne marquent plus les Forces constitutives; ils détaillent les Eléments de composition. Si le
Corps contenu dans la boîte eut été un Composé du Carbone,
tel un Carbonate de Magnésium (CO^3Mg), Corps composé
dans lequel le Magnésium est dominé par le Carbone, la
manifestation azimutale eut été celle du Carbone, et les
2 Cercles spectraux eussent réflété les Corps constituant
le Carbonate et le Magnésium.

Sur le Terrain. — **L'Analyse radio-physique d'un Filon ou d'un Gîte minier, quelle que soit la profondeur.** — J'ai reconnu en France *une Faille, qui s'allonge sur plus de* 300 *kilomètres* à travers le Berry, l'Orléanais, l'Ile de France et la Normandie; cette Faille est tapissée de *Fer magnétique* (Fe^3O^4), qui, sur certains points, constitue de *colossales lentilles;* c'est ce Fer magnétique, qui cause ce que l'on a nommé « l'*Anomalie magnétique du Bassin de Paris* ». Dans mon ouvrage de 1932 *Les Nouvelles Méthodes de Prospection*, j'ai donné le Plan de l'une des principales lentilles, tenant 27.500.000 mètres carrés, avec une puissance massive d'une centaine de mètres; cette Lentille en laccolite est vingt fois plus étendue que la grande Lentille de Kirunavara (en Laponie suédoise, au Nord du Cercle polaire), Lentille, qui fut longtemps tenue comme la plus grosse boule d'Oxyde de Fer, que l'on connaisse sur le Globe. La lentille, que j'ai découverte et étudiée en Normandie, repose sur une cuvette de Porphyre, qui semble gire de 800 à 1.000 mètres de profondeur; par les Procédés de la Radio-physique il est aussi aisé d'étudier cette cuvette, que si elle gisait à très faible distance au-dessous du niveau du sol. J'avais spécifié que la forte lentille de Fer magnétique était surmontée d'une couche de Carbonate de Fer; un sondage de contrôle devait être descendu jusqu'à 800 mètres; il fut arrêté par les commanditaires à 526 mètres; il avait rencontré du Sesqui-oxyde de Fer de 411 mètres à 434 mètres; puis un Carbonate de Fer de 456 à 468 mètres; à 483 mètres du *Fer magnétique* était apparu.

Dans une autre région, en Vendée, j'ai rencontré des *formations aurifères et platinifères;* je les ai analysées de la surface du sol par Procédés radio-physiques. Mes Analyses de surface donnèrent, selon les Filons étudiés : Platine, Or, Argent, Iridium, Osmium, Plomb; — ou Platine, Iridium, Or, Argent; — ou Platine, Iridium, Osmium, Rhodium, Ruthénium, Palladium, Or, Argent, Chlorures de Sodium et de Potassium; plus de 20 filons que j'avais repérés et qui s'étendaient sur 100 kilomètres donnaient à l'Analyse radio-physique : *Platine, Iridium, Or, Argent.* Un Puits de contrôle mit à jour : à 35 mètres, Palladium, Rhodium, Ruthénium; — à 36 mètres, Iridium, Rhodium, avec Or et Argent; — à 38 mètres : Platine, Rhodium, Ruthénium; — jusqu'à 48 mètres : *Platine, Iridium, Or* et *Argent.* Il s'agissait d'un *Magma éruptif* très riche en Or et en Platine; certains échantillons donnèrent aux Analyses : Platine, de 75 grammes à 2 kil. 200 à la tonne; — Or, de 18 grammes à 770 grammes à la tonne; Argent : 200 grammes à la tonne; ce qui faisait dire à un Fondeur : « ..... Minerai extraordinaire, dont on 'n'a jamais 'vu 'de semblables dans les Ecoles de Géologie ».

Je viens de rappeler quelques-unes des découvertes minières que j'ai pu faire par l'application d'une Méthode, bien au point, qui a le grand avantage d'être *rapide, peu coûteuse, précise, sûre* et *nettement scientifique.*

Sur le Terrain. — La Prospection de l'Or. — L'*Or natif*, c'est-à-dire à l'état de pureté, se présente *dans les alluvions* sous formes de fine poussière, de poudre impalpable, de paillettes légères, de fines aiguilles, de petits grains arrondis, de lamelles plus ou moins épaisses, ou de *pépites*, c'est-à-dire de graines (en Espagnol, pepita); dans les Roches éruptives l'Or natif se trouve, le plus généralement, en poussière finement tenue, plutôt qu'en grenailles; dans le Quartz, la poussière aurifère est fréquemment invisible à l'œil nu.

L'Or peut être associé à l'un des 9 Corps météoriques, ou bien au Soufre, au Sélénium, au Tellure; il est fréquemment uni à l'Argent et parfois au Mercure, comme aussi au Plomb, au Bismuth, à l'Antimoine, au Cuivre; les Gîtes aurifères les plus nombreux en France sont ceux où l'Or a été véhiculé par du Mispickel, un arsénio-sulfure de Fer (FeAsS).

Le Prospecteur radio-physicien, qui s'est proposé de *rechercher de l'Or*, doit, parcourir le terrain (à pied ou en auto) ayant en mains sa Baguette courte en baleine polaire, et, en main gauche, contre la tige gauche de la Baguette, soit de l'*Or pur* (l'Or en feuille ne peut servir), soit notre *Masse d'accord* de 198 Unités atomiques, soit nos *Couleurs d'accord*. Il ne suffit pas d'avoir une Baguette et un ou plusieurs Semblables, le Prospecteur doit connaître tous les genres de minerais, qu'il est susceptible de rencontrer (Porpézite, Petzite, Calavérite, Krennérite, Sylvanite, Nagyagite...); dès que sa Baguette frémit, il doit faire, de la surface du sol, une Analyse très précise du Minerai rencontré.

Si sa Baguette n'a rien accroché, il se peut que le Gîte aurifère soit situé beaucoup plus loin. On pourrait continuer la marche, il est préférable de mettre en œuvre les *Procédés radio-physiques*, qui nous permettent de faire efficacement un *Tour d'horizon*, et de reconnaître, dans le cas présent, si de l'Or ne se trouverait dans le Sous-sol à un ou deux kilomètres de distance.

J'ai étudié de nombreux *Champs aurifères* en France, en Algérie, en Indochine, à Madagascar.

En Algérie, j'ai délimité dans le département d'Oran, non loin de Saïda, un Gîte aurifère très étendu; l'Or s'y trouve inclus dans du Jaspe noir (Silex argileux); tous les prélèvements ont donné plus de 35 grammes d'Or à la tonne.

J'ai étudié en Indochine — au Cambodge — des Gîtes d'Or très importants; les Gîtes indo-chinois, dont il s'agit, ont une *origine éruptive;* l'un de ces Volcans souterrains, nommés parfois *Volcans fossiles*, a rejeté, en filons-couches *trois coulées minérales successives :* à la base, de la *Pechblende* (U^3O^4); puis, recouvrant la Pechblende, du *Platine* mêlé des différents Corps appartenant à la Mine de Platine; une troisième coulée, plus récente, apporta du Palladium, de de l'Argent, de l'Or formant Porpézite; mais une Porpézite (Au, Ag, Pd), dont, sur certains points, les éléments ont échappé à l'union et se présentent en état séparé.

En étudiant la constitution de l'Or par mes Procédés radio-physiques, j'ai constaté que l'*Or normal*, de Masse 198, est constitué, en réalité, de 2 Corps : l'un est de Masse atomique 176 (je l'ai nommé Or α), et l'autre de Masse atc-

mique 22, masse instable, (je l'ai nommé Or β); MM. Copaux
et Perpérot n'avaient-ils pas écrit dans leur *Chimie minérale :* « Il existe, au moins, *deux variétés d'Or ;* l'une est l'Or
ordinaire, dont la densité est égale à 19,3; l'autre est contenue dans le résidu métallique obtenu par les essayeurs,
quand ils attaquent les alliages d'Or et d'Argent par l'acide
nitrique, après les avoir fondus avec l'excès d'argent reconnu
nécessaire à la dissolution complète de l'Argent ».

Après avoir mentionné *l'Or du Cambodge,* abordons *l'Or
de Madagascar.* L'Or de Madagascar, quoique allié sur certains points au Platine et aux Corps de la Mine de Platine,
se présente dans des conditions bien différentes que l'Or,
le Platine et les Corps de la Mine de Platine, que j'ai découverts dans l'Ouest de la France ; il est vrai que, dans l'Ouest
de la France, à une Epoque géologique fort ancienne, le
terrain a été bouleversé par de puissants Séïsmes, et que
ces Séïsmes ont refoulé, *vers la surface du sol actuel,* les Terrains anciens des profondeurs, terrains à Silicate de Magnésium, terrains très minéralisés en Or et en Platine.

Bien que Madagascar soit une Grande Ile où abondent
les Roches éruptives, où les Volcans tertiaires sont innombrables, l'Or, qui se trouve à une très faible profondeur,
ne doit pas sa présence à des Séïsmes; cependant on admet
généralement que les filons aurifères très argentifères de
Andavakoera, vers la pointe Nord de la Grande-Ile, se relient
à des manifestations tertiaires. On sait que la production
d'Or de Madagascar s'est élevée, en 1909, à 10.351.000 francs,
grâce à la découverte à cette époque des filons d'Andavakoera.

On a dit que Madagascar contient de l'Or de tous côtés;
certes, en maints endroits, il y a *des affleurements d'Or, des
alluvions,* où la battée peut procurer des récoltes plus ou
moins intéressantes. A Madagascar, l'Or peut être rencontré en maints endroits; il y en a dans tout le Nord-est
entre Diego-Suarez et Maroansetra ; il y en a dans le Centre,
du 16e au 18e degré de Latitude Sud; c'est-à-dire sur une
aire dépassant 20.000 kilomètres carrés; plus au Sud, entre

le 19e et le 22e degré de Latitude Sud, autre Aire aurifère de plus de 100.000 kilomètres carrés; dans l'Extrême-Sud, autre Zone aurifère.

En mentionnant l'immense superficie de ces Champs aurifères, revient à la mémoire cette phrase écrite, en 1919, par le professeur de Launay dans son ouvrage *La Conquête minérale* : « Les trois principaux gisements aurifères actuels du Monde, ceux qui fournissent, à eux seuls, 800 *millions par an* (sur un total mondial de 2 milliards), le Witwatersrand, Cripple-Creek, Kalgoorlie (Capitale de l'Australie occidentale), *n'étaient pas soupçonnés il y a vingt ans;* sans doute des rencontres de ce genre marquent une Etape dans l'Histoire, et ne se répètent pas sans cesse avec la même intensité; *il est cependant bien évident* qu'on en verra encore beaucoup d'autres ». Ajoutons : « On en verra à Madagascar, si l'Administration n'y met pas obstacle; Andavakoera n'est pas le seul point fabuleux de la Grande-Ile ».

Nos procédés radio-physiques d'investigation nous ont permis de reconnaître à Madagascar que, à partir de la surface du sol, on devra, *sur tels points*, rencontrer, au-dessous de 3 mètres de terrain non-minéralisé, un terrain aurifère d'une puissance de 8 mètres; au-dessous 5 mètres de terrain stérile, et au delà 10 mètres très aurifères.

L'Or est monté, à l'état liquide probablement, ou à l'état de vapeur, dans *d'innombrables cheminées*, qui s'arrêtent actuellement à quelques mètres seulement au-dessous du sol; ces cheminées peuvent être — toutes — repérées de fort loin, de près on peut reconnaître l'état de la cheminée et *ce qu'elle contient en Or ou autres Corps précieux sur* 50 *mètres ou* 100 *mètres de profondeur,* cela sans aucuns travaux, et, très simplement, par les Procédés de *la Radio-physique*.

Sur le Terrain. — La Prospection du Pétrole. — Les environs de Bakou, dans le Caucase, connurent, bien avant le Sixième Siècle de l'Ere actuelle, *le Pétrole à jaillissement spontané;* près de Bakou s'élevait des profondeurs terrestres du *Pétrole enflammé;* un Temple, *le Temple du*

Feu éternel, avait été élevé au Dieu du Bien, par les adorateurs du Feu, les Guèbres.

En France, une *Source de Pétrole* fut découverte en 1605 à 1.000 pas du village de Gabian; elle fut, en 1707 et 1716, l'objet d'une communication que le Docteur Rivière adressa à l'Académie de Montpellier; l'huile était opaque et rouge brun foncé; elle avait une odeur forte et désagréable; elle était inflammable; elle donna chaque année plus de 96 quintaux pendant 80 ans; en 1891, la Source d'huile ne suintait plus que par intervalles; et on la disait complètement tarie en 1923; lorsque j'allais, en 1924, étudier l'emplacement de la Source, je pus constater que la Source existait encore, mais que son Cours souterrain était légèrement déplacé, ce que ne virent pas les géologues officiels, MM. Viennot et Barrabé.

C'est en 1768 que les *Gîtes bitumineux* de la Basse-Alsace passèrent aux mains de la famille du Docteur Le Bel; cette famille obtenait, en 1785, une concession régulière pour 9.200 hectares; depuis 1921, la Concession s'étend sur 44.000 hectares, qui ont été amodiés par l'Etat français à la Société alsacienne d'Etudes minières et sont exploités par la Société anonyme d'Exploitations minières « Péchelbronn ».

Par quels procédés, en dehors de la Radio-physique, pourrait-on fixer l'emplacement des Gîtes de Pétrole? Auguste Perret, en 1898, concluait dans son *Encyclopédie de Chimie industrielle* : « Aucune Loi géologique ne détermine la distribution des Gisements pétrolifères à la surface du Globe ». L'ingénieur Hardel ajoutait en 1922 dans son ouvrage : *Recherches et Exploitation du Pétrole :* « Les indications de surface seront souvent entièrement insuffisantes ».

Puisqu'il n'est *aucune directive géologique* pouvant guider la recherche des Pétroles, il est inéluctable de s'en remettre aux Procédés radio-physiques, qui, d'ailleurs, ont fait leur preuve.

Pour établir que le Pétrole abonde dans le Sous-sol français et que, par Procédés radio-physiques, on en pourrait trouver en abondance dans maints départements de France, et en Algérie, j'ai fait, vers 1930, établir un forage sur un périmètre alsacien, près de Birlenbach; le premier niveau pétrolifère a été atteint conformément à mes prévisions; à 164 mètres, la sonde a rencontré un niveau riche en huile, comme en fait foi le Procès-verbal de constat dressé par le Service des Mines de Strasbourg; dans les 4 jours, qui ont suivi la visite de vérification officielle du Service des Mines, il a été recueilli environ 600 litres d'huile; le forage allait être prolongé jusqu'à 323 mètres, profondeur probable du deuxième niveau, lorsque le trépan, coincé dans le trou de sonde, — par malveillance, a-t-il été dit, — mit obstacle à la continuation des travaux.

Lorsque je suis allé en Indochine (1931-1932) pour expertiser la richesse minière et pétrolifère de cette merveilleuse Colonie, j'ai été frappé par la puissance des formations pétrolifères que j'accrochais, identifiais, analysais; ces Pétroles, dont la roche-mère semble se trouver à 20 ou 30 kilomètres de profondeur dans la Lithosphère, sont imprégnés de Gaz acide carbonique, de Gaz rares (Néon, Argon, Krypton, Xénon), avec Hélium, et de Corps radio-actifs (Emanations, Thorium, Radium, Uranium); le Pétrole est très évidemment une des principales richesses de notre Colonie indochinoise; mais il est interdit de toucher aux Pétroles de l'Indochine, comme aux Pétroles de Madagascar, comme aux Pétroles de toutes les colonies française et au Pétrole de la France continentale. Qui interdit? « Mystère, peu mystérieux! »

Au fait, qu'est-ce, le Pétrole? — Le Pétrole est un assemblage de Carbures d'Hydrogène, avec Oxygène, Azote, Soufre. Certains Pétroles sont faits de Carbures forméniques, comme les Pétroles de Pensylvanie; d'autres de Carbures éthyléniques, tels les Pétroles du Caucase.

Un Pétrole que j'ai étudié dans la Touraine m'a donné à l'analyse (faite à travers le sol) : 1° Corps dominant C^9H^{20} (Nonane, Kérosène ou Lampant); 2° par ordre d'importance dans la composition globale : CH^4 (Méthane); C^8H^{18} (Octane); C^2H^6 (Ethane); $C^{17}H^{36}$ (Brai) : ces 5 Corps sont des Carbures forméniques (de Formule C^nH^{n+2}).

Sur le Terrain. — La Prospection des Eaux souter-raines. — Les Eaux, que nous pouvons capter dans le sous-sol, sont : 1° ou bleu les *Eaux pluviales, infiltrées* à la suite de leur ruissellement sur un sol plus au moins souillé ; 2° ou bien des Eaux montées en diaclase et généralement si forte-ment chargées en Corps minéraux qu'elles se classent comme *Eaux minérales ;* 3° ou bien une autre série d'Eaux, montées elles aussi en diaclase, mais très différentes des Eaux miné-rales et des Eaux thermales, du fait que ce sont des *Eaux* a-métalliques.

Les *Eaux infiltrées,* ou bien demeurent stagnantes dans le sous-sol en formant des Nappes, ou bien atteignent une déclivité souterraine, prennent l'allure d'un Courant d'eau souterrain, et réapparaissent au sol avec le titre d'*Eau de Source ;* un puits peut atteindre la Nappe, comme le Courant d'Eau ; dans un cas comme dans l'autre, l'Eau sera dange-reuse ; aucun filtrage, aucune stérilisation ne pourront en faire une Eau salubre. Pasteur avait bien raison de dire que 90 0/0 des hommes sont tués par les Eaux.

Miquel, qui fut directeur du Laboratoire de Bacté-riologie de la Ville de Paris, certifiait que *l'Eau de la Seine* recelait : à Ivry 32.000 bactéries *par centimètre cube,* — au Point du Jour 164.000 bactéries, — à Saint-Denis 1.823.000 bactéries ; quoique moins polluée en été qu'en hiver, « parce que, en été, la Seine reçoit *moins d'eau de ruissellement* ».

Parmi ces Microbes (ou Bactéries), qui pullulent dans les Eaux de Ruissellement et dans les Eaux de Rivière, sont les Colibacilles, les Bacilles de la Fièvre typhoïde, les Bacilles diphtériques, les Bacilles du Charbon, les Dysen-tériques, les Bacilles du Tétanos ; chaque Espèce micro-bienne fabrique *un poison spécial.*

Puisqu'il faut rejeter les *Eaux d'infiltration,* serait-il bon de boire des *Eaux minérales*? L'*Eau minérale* très minéra-lisée relève de la Thérapeutique ; l'Eau minérale, peu miné-ralisée, portant parfois le titre d'*Eau de Table,* peut être bue, en pratiquant toutefois certaines pauses.

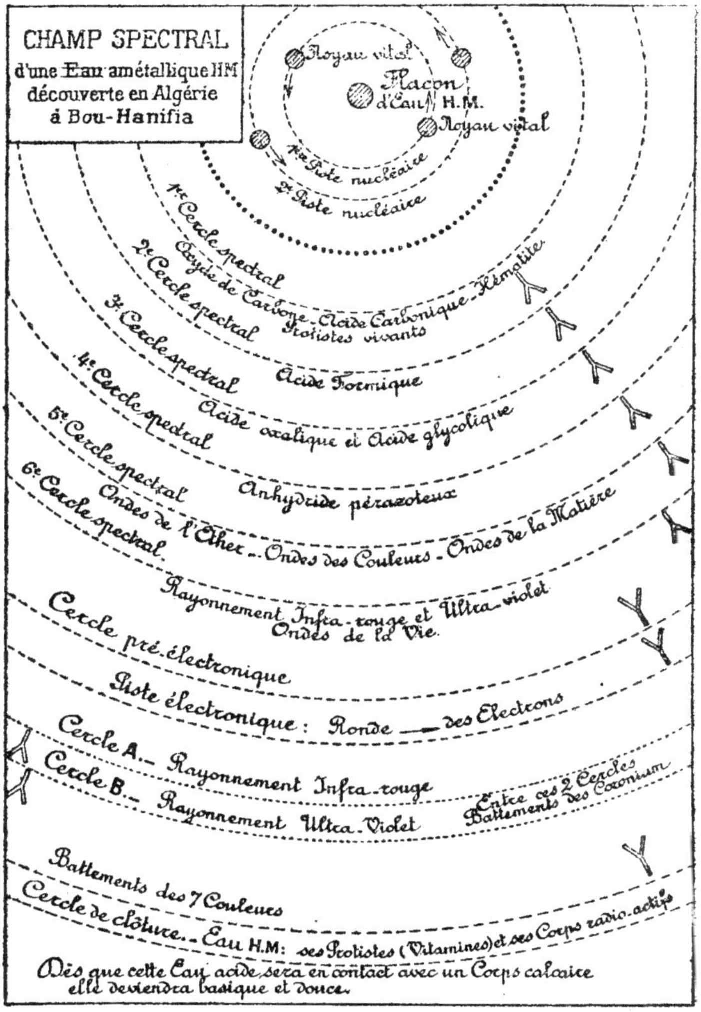

CHAMP SPECTRAL
d'une Eau amétallique HM
découverte en Algérie
à Bou-Hanifia

Fig. 18. — Le Champ spectral d'une Eau amétallique H. M. provenant de la Barysphère. — Eau dotée de Vitamines (des Protistes) et de Radioactivité.

Alors, quelle Eau boire? L'Eau a-métallique, et surtout *l'Eau a-métallique H. M.*, qui semble être la meilleure des Eaux, au dire de ceux qui en consomment.

Je me hâte de dire qu'il ne s'agit pas d'une Eau marchande; j'ai découvert cette Eau en France dans le département de Meurthe-et-Moselle; puis dans plusieurs autres départements de l'Est, du Centre, de l'Ouest; finalement en Algérie.

C'est donc une *Eau universelle*, une Eau qui peut être recherchée et atteinte partout. D'où vient-elle? Les *Eaux* dites *thermales*, semblent venir de la Pyrosphère, comme les Geysers et les Eaux rejetées par les Volcans. Les Eaux a-métalliques H. M. viennent de plus loin; elles viennent aussi d'une Zone ignée, mais d'une Zone où dominent exclusivement, avec du *Fer magnétique* et des *Corps radio-actifs,* de la *Vapeur d'Eau* (H_2O), de l'*Oxyde de Carbone* (CO) et du *Gaz acide carbonique* (CO_2). Cette vapeur d'eau et ces Gaz, en se mêlant, constituent de l'Acide formique (H_2O_2C), de l'Acide oxalique ($H_2O_4C_2$), de l'Acide glycolique ($H_4O_3C_2$); cette Eau est par suite acide (P_H6), mais elle devient basique et douce (P_H8), dès que l'on dispose à la base du puits des morceaux de Marbre blanc ou tout autre calcaire.

L'Eau H. M., quoique a-métallique, est teintée de Fer, ce qui n'a rien d'étrange, puisque *cette Eau provient de la Barysphère*, zone centrale du Globe terrestre, qui est tenue pour *n'être constituée que de Fer et de Corps radio-actifs;* la présence du Fer se situe sur le 1er Cercle spectral (*fig.* 18), comme aussi la présence de l'Oxyde de Rhénium, métal, qui fut trouvé, en 1925, dans un minerai de Platine de l'Oural; (j'ai retrouvé ce Corps de masse 190, en France, dans le Platine de la Vendée). Puisque l'Eau H. M. est teinté de Fer, elle doit de même être *teintée de Radio-activité*, et, cependant elle ne recèle aucun atome de nos Corps radio-actifs (de masse 206, — 210, — 214, — 218, — 222, — 226, — 230, — 234, — 238, ou 227 (Radium), — 232 (Thorium), — 239 (Uranium); je me suis alors posé cette question : « La Barysphère ne recèlerait-elle pas *des Corps radio-actifs, qui nous seraient encore inconnus* »; comme le Soleil doit recéler tous les Corps, qui se trouvent sur Terre (et proviennent des constitutions amorcées dans la Colossale Nébuleuse), j'ai recherché les Corps Radio-actifs inconnus que peut receler le Soleil ; j'ai rencontré dans le Soleil — dans un Rayon de Soleil — 3 *Corps radioactifs inconnus jusqu'ici,* ayant les Masses atomiques 251, — 270, — 289 ; dans mon Eau H. M., j'ai retrouvé les Corps radioactifs 270 et 289, ce qui confirme que cette Eau provient de la Barysphère.

L'Eau H. M. recèle en outre des Vitamines B¹ (ou Protistes 178), dont la formule est $C^6H^{10}OAz^2$. Le Champ spectral de ces Protistes possédant 5 Cercles vibrant successivement bleu, vert, jaune, orangé, rouge, il est fort logique de voir le 5ᵉ Cercle du Champ spectral de l'Eau H. M. vibrer comme l'*Onde des Couleurs,* et le 6ᵉ Cercle vibrer comme l'*Onde de Vie.*

On pouvait lire, en Mars 1936, dans *La Presse thermale et climatique :* « A la différence des Eaux d'infiltration, l'Eau H. M. est exempte de toute pollution; à la différence des Eaux de diaclase, l'*Eau H. M.* ne contient aucun Corps minéral en dissolution ou en suspension; c'est *une Eau a-métallique* extrêmement intéressante; c'est *la seule Eau pure,* qui se puisse rencontrer, et qui se rencontre à faible profondeur, dans les terrains du sous-sol; l'Eau H. M., *pure et saine,* peut être atteinte partout; elle est toujours très abondante, apportant chaque jour, été comme hiver, des milliers de mètres cubes d'eau sous pression ».

Dans l'Eau H. M. se trouve dilué de l'Acide formique; or, le docteur Clément, de Lyon, écrivait en 1905 : « L'homme qui fait usage de l'*Acide formique* éprouve très rapidement un sentiment de force, de vigueur et d'activité plus grand ; il se meut sans peine et ne redoute ni le travail, ni l'effort, ni le chaud, ni le froid ».

La Radio-physique pourra-t-elle arbitrer des Conflits scientifiques ? — D'une part, le pharmacien Mary-Laurent, directeur de la Revue *Chimie-Physique,* écrivait : « L'atome le plus simple est celui du Carbone ; on donne à l'atome de Carbone l'exposant 12 (le Poids ou Masse atomique 12) alors qu'*il a l'exposant* 1 ; l'atome de Carbone gazeux, nous le nommons Hydrogène ».

D'autre part cependant, pour le savant chimiste Charles Friedel, la Masse atomique du Carbone devais être de 11 Unités 97,7 ; le chimiste allemand Jules Lothaire Meyer, travaillant, en 1883, en collaboration avec Seubert, n'attribuait au Carbone qu'une masse de 11 Unités 97 ; depuis 1910, la Commission internationale des Poids atomiques (liée aux Congrès internationaux) n'a admis que 12 Unités 00,5.

Finalement, la Vérité scientifique est-elle du côté du pharmacien Mary-Laurent ou du côté des Commissions internationales ?

Iº J'ai étudié un *Graphite* de Madagascar en utilisant l'une de mes Couleurs d'accord ; cette Couleur m'a certifié que le Corps observé est bien un fragment de Graphite.

IIº — Ensuite, j'ai recherché *le Poids atomique de ce Graphite* par les Procédés habituels de la Radio-physique ; j'ai essayé le P. A. 1 (une Unité atomique) ; je n'ai obtenu aucune réaction ; j'ai essayé ensuite le P. A. 12, j'ai constaté que le plan azimutal réagissait en entier comme Masse atomique de valeur 12. Les Commissions internationales sont donc dans la vérité scientifique en attribuant au Graphite 12 Unités atomiques ; mais..... car il y a un mais.

S'il y a un *Carbone minéral*, il y a aussi un *Carbone végétal ;* le Carbone que recèlent les Végétaux est totalement différent du Carbone, qui radie dans le Graphite.

Prenons du Maïs, de l'Orge, des Légumes, tels les Haricots, ou des Fleurs, telles le Dahlia, les Couleurs d'accord et les Masses d'accord, qui nous ont permis d'étudier le Graphite, ne peuvent servir pour l'étude des Plantes, des Fleurs, des Feuilles ; il nous faut d'autres Couleurs d'accord, d'autres Masses d'accord ; notre arsenal n'étant pas pris au dépourvu, nous identifions d'abord le Carbone des Plantes, qui est bien un Carbone, mais un *Carbone végétal.* Quel est le Poids atomique du Carbone **végétal?** Nous essayons la Masse 12, aucune réaction; nous essayons la Masse 1; elle provoque les habituelles *manifestations de concordance*.

Nous devons donc conclure que le *Carbone végétal*, le Carbone des Feuilles, des Fleurs, c'est-à-dire le Carbone des Végétaux, est un Carbone différent du Carbone minéral, ce que j'avais remarqué dès 1914 : la Masse atomique du Carbone végétal est 1, — et non pas 12.

QUATRIÈME PARTIE

COULEURS ET LUMIÈRES

Évocation des Couleurs. — Pour évoquer une *Classification inorganique* englobant l'ensemble des Corps inorganiques, — des Corps minéraux, — on peut utiliser le concours de l'*Onde minérale ;* cette Onde est obtenue en constituant une Colonne faite de 9 Eléments : au sommet la Pile de l'Ether et au-dessous : l'Hydrogène *ua* (ou Proton *para*), l'Hydrogène *dua* (ou Proton *dia*), puis le Noyau atomique para-magnétique, le Noyau dia-magnétique, la Super-électricité courte, l'Electricité négative, la Super-électricité longue et l'Electricité positive (*fig.* 19) : cette Pile 19 donne même classement des Familles et Sous-Familles que la Pile 17.

Pour évoquer une *Classification organique* ou *vitale*, nous utiliserons l'*Onde vitale ;* cette Onde (*fig.* 20) est évocable par une Colonne faite de : Ether au sommet, au-dessous Hydrogène *ua* (ou Proton para), Hydrogène *dua* (ou Proton dia) ; puis Noyau vital dit 1/16), Electricité négative, et à la base Electricité positive (*fig.* 00).

Aussi simple est l'*Onde des Couleurs ;* elle est évocable par une Colonne faite de : au sommet l'Ether ; au-dessous Ultra-violet, — les 7 Couleurs, — l'Infra-rouge, — à la base Super-électricité courte et Super-électricité longue (*fig.* 21).

Ce que sont les Couleurs. — Prenons un Coffret en verre, de forme rectangulaire, coffret constitué par une base en verre

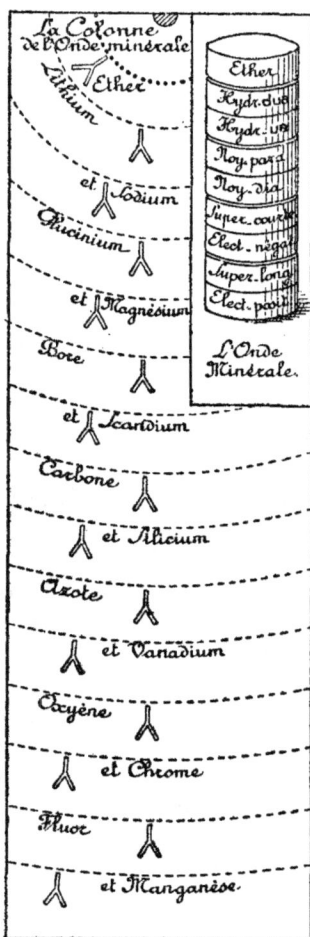

Fig. 19. — *La Colonne de l'Onde minérale*. — Colonne, qui, constituée des Neufs éléments indiqués, donne le classement des Familles minérales et aussi des Familles minérales secondaires.

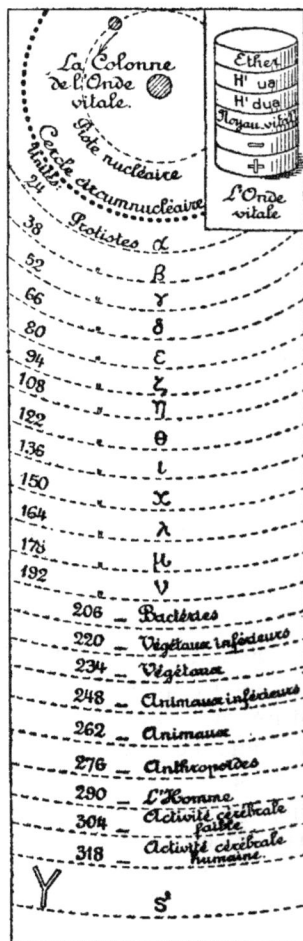

Fig. 20. — *La Colonne de l'Onde vitale*. — Colonne donnant le Classement des Corps organiques depuis les Protistes (de α à ν) jusqu'aux Bactéries, aux Végétaux, aux Animaux, aux Anthropoïdes, à l'Homme.

et un couvercle en verre; nous recherchons la position pouvant donner la plus forte manifestation au Nord du Coffret; à l'intérieur du Coffret se trouve naturellement de l'Air. Quel Champ spectral va apparaître?

Dans le *Champ spectral de décomposition et de dispersion*, 7 *Cercles spectraux* seront accrochés et identifiés : le Premier au Nord vibre comme *le Violet*, — le Deuxième comme *l'Indigo*, — le Troisième comme *le Bleu*, — le Quatrième comme *le Vert*, — le Cinquième comme *le Jaune*, — le Sixième comme *l'Orangé*, — le Septième comme *le Rouge*.

Est dispersé, de même, un faisceau de *Lumière solaire*, qui frappe un prisme de verre; *le Spectre*, qui sort du Prisme, prend la forme d'un *éventail de Couleurs* présentant 7 *nuances principales ;* Newton, ayant mélangé des poudres reproduisant les 7 Couleurs trouvées dans le Spectre, obtint une poudre d'un *Blanc* parfait; les diverses Couleurs du Spectre solaire donnent, en effet, par leur réunion de la *Lumière blanche*.

S'appuyant sur les observations du R. P. Secchi, qui avait conclu que la surface du Soleil est parcourue par des vagues, qui, partant des Régions équatoriales, vont se concentrer aux

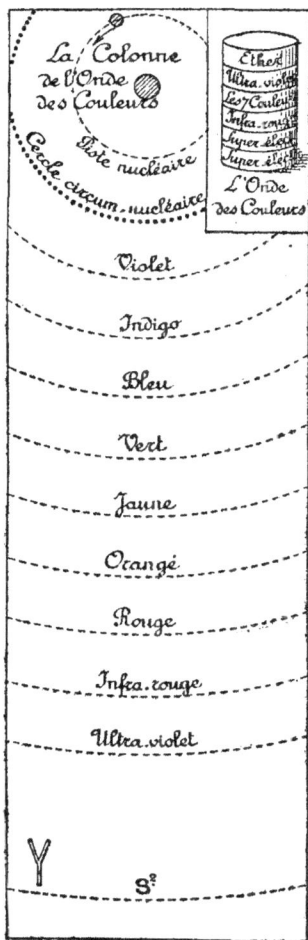

Fig. 21. — *La Colonne de l'Onde des Couleurs*. — Colonne évoquant les 7 couleurs principales, ainsi que l'Infra-rouge et l'Ultra-violet.

Pôles; Weyher estimait, comme conséquence de ses études sur les Tourbillons et les Sphères tournantes, que les Matières volatiles constituant le Soleil exécutent, chacune séparément, leurs tourbillonnements dyssymétriques de chaque Côté de l'Equateur solaire, chacune des spires tourbillonnantes aurait sa couleur propre, *jaune* pour les vapeurs de *Sodium, rouge* pour les vapeurs de *Strontium, bleu* pour les vapeurs de *Cuivre;* toutes les spires colorées se croisant en tous sens, se vissant l'une dans l'autre, se confondraient à l'œil en *Lumière blanche.*

Comment la *Lumière blanche solaire* peut-elle venir jusqu'à nous? Comment peut-elle pénétrer nos Yeux? Comment peut-elle atteindre notre Cerveau et se faire reconnaître?

Chaque couleur simple est un *phénomène périodique;* par suite, tout Rayon de cette Lumière, est constitué par un *Train d'Ondes identiques,* cheminant sans se déformer.

La main suffit à démontrer l'existence autour de nous, de *Vibrations lumineuses;* si l'on place la main à quelques centimètres de l'œil en observant un fond uni très éclairé, à travers l'intervalle compris entre l'index et le medius accolés, on voit paraître de *fines rayures alternativement obscures et claires;* ces fines rayures sont dues à l'*interférence* des Ondes autour de nous.

Ainsi, les *Trains d'Ondes* vont, sans cesse, *de la Lumière à l'œil de l'observateur; les Couleurs* produisent *sur l'œil une sensation,* qu'il s'agisse d'une *Lumière colorée* ou d'une *Matière colorée.* Lorsque l'Onde lumineuse a traversé *la Cornée* (enveloppe transparente) et l'*Humeur aqueuse* (milieu liquide), a franchi l'*Iris* (membrane retractile, véritable diaphragme, qui donne la couleur des yeux), *le Cristallin* (lentille transparente biconvexe) et *le Corps vitré* (milieu transparent gélatineux), elle atteint la *Rétine* (membrane formant écran); au delà de la Rétine, terminaison nerveuse et transformation d'Energie dans une couche de cellules, dites *Cônes* et *Bâtonnets;* dans les Bâtonnets, on a rencontré une substance photochimique, le *Pourpre rétinien,* qui, sous l'action de la Lumière se transforme en *Jaune rétinien; l'Energie lumineuse* vient de se transformer en Energie chimique ou calorique, qui est transmise à l'une des Cellules grises du Cerveau.

L'enfant est obligé de prendre notion des Couleurs; il doit *apprendre à discerner*, entre les différentes impressions reçues par ses yeux et communiquées à son cerveau, la valeur des vibrations de chaque couleur, puis *les nuances* données par un mélange de couleurs, puis *les tons* créés par addition à ces Couleurs et à ces nuances, de noir et de blanc, en quantités variables; ayant pris notion des Couleurs, Nuances, et Tons, l'enfant doit apprendre le nom donné à chacune de ces impressions.

Les Corps éclairés naturellement par la Lumière solaire blanche peuvent absorber tout ou partie des rayons colorés du Spectre solaire; si un Corps est apte à *réfléchir* dans une égale proposition *toutes les Couleurs de la Lumière blanche*, qui l'éclaire, il apparaît *blanc;* — le Corps, qui *absorbe tous les rayons* du Spectre se voit *noir;* — quand un Corps *absorbe tous les rayons, sauf un*, supposons le *jaune*, il paraît *jaune*, car il ne réfléchit vers l'œil que le jaune; — enfin, si le Corps absorbe certains rayons et en renvoie d'autres, la couleur de ce Corps sera la couleur provenant du mélange des rayons non absorbés; — un Corps blanc, qui réfléchit *toutes les Couleurs*, s'il vient à être *éclairé* par de la couleur, par du *rouge* supposons, paraîtra *rouge* (et non pas blanc); — un Corps noir reste noir, quelle que soit la couleur mono-chromatique, qui l'éclairera; — quant aux Corps à *surface polie*, ils semblent être colorés des teintes des objets, dont ils reflètent l'image.

Nous venons d'observer des *Phénomènes lumineux;* rappelons cette conclusion de M. Marcel Boll : « *Nous savons très mal comment la Lumière se fabrique par la Matière* ».

Le mot *Couleur* possède trois sens différents : 1º Une *Lumière colorée*, telle la *Lumière rouge* de la chambre noire des Photographes; — 2º Une *Matière colorante*, tel l'indigo, matière bleue fournie par l'indigotier, arbrisseau à fleurs roses ou rouges; — 3º Un *Corps coloré*.

Classement des Couleurs. — Le nombre des Couleurs

semblerait être infini; la Classification de Chevreul porte sur 14.421; les Romains se servaient pour leurs mosaïques de 30.000 teintes, dit-on; cependant, on distingue généralement 7 couleurs principales, dont les noms allignés dans leur ordre naturel forment ce vers alexandrin discuté : « Violet, Indigo, Bleu, — Vert, Jaune, Orangé, Rouge ».

Les limites du *Spectre visible* sont comprises entre 3900 UA (Unités Angströms) ou O μ 39 d'une part, et d'autre part 8.000 Angströms ou 0 μ 8. L'imprécision existant dans le passage d'une Couleur à une autre rendant assez difficile la détermination de la zone occupée par chaque Couleur dans le Spectre solaire, les Echelles de longueurs d'Onde notent seulement la longueur d'Onde de la région du Spectre où chaque Couleur est la plus nette; ces longueurs d'Onde sont : pour le *Violet : 4.100* (0 μ 41), — pour le *Bleu : 4.700*; — pour le *Vert : 5.200*; — pour le *Jaune : 5.800*; — pour l'*Orangé :* 6.000; — pour le *Rouge : 6.800* (soit 680 millionièmes de millimètre).

Comme la détermination de la Zone occupée par chaque Couleur présente un intérêt manifeste, je donnerai les longueurs d'Onde obtenues sur un Spectre non déformé : *Violet* compris entre 3.900 U. A. et 4.240; — *Indigo*, compris entre 4.240 et 4.550; — *Bleu*, compris entre 4.550 et 4.920; — *Vert*, compris entre 4.920 et 5.750; — *Jaune*, compris entre 5.750 et 5.850; — *Orangé*, compris entre 5.850 et 6.470; — *Rouge*, compris entre 6.470 et 7.230 (0 μ 72).

Si le croquis du Spectre est divisé en 4 Sections égales : la 1re Section comprend le Violet, l'Indigo, et une partie du Bleu; — la 2e Section comprend une partie du Bleu et une partie du Vert; — la 3e Section comprend une partie du Vert, le Jaune et une grande partie de l'Orangé; — la 4e Section comprend une partie restreinte de l'Orangé et la totalité du Rouge.

L'Etude des Corps colorés. — L'Etude des *Corps colorés* est fort intéressante. Mettons au sol un Disque coloré, un *Disque violet.* Dès que ce Disque est au sol, il apparait comme

entouré d'une Manifestation ayant
une forme cylindrique (C¹); cette
manifestation a mêmes manifestations que les 4 Forces constitutives de la Matière, et mêmes
manifestations que l'Ether; si,
Baguette en main, on se dirige
vers le Nord magnétique, on rencontre 4 Cercles, ayant pour valeur
radiante : le 1er Cercle (C²) les
Ondes des Couleurs ; — le 2e (C³) les
Ondes vitales ; — le 3e (C⁴) les *Ondes
de la Matière ;* — et pour le 4e (C⁵)
les manifestations des 3 Ethers
groupés, c'est-à-dire les Ondes des
Ethers. D'ailleurs, il semble résulter de l'Etude du Champ spectral
de tout *Disque coloré* que les
Disques colorés présentent des manifestations bien proches des *manifestations propres à l'Ether.*

Le Champ spectral d'une Pile
faite d'un *Disque blanc* sur un
Disque rouge présente : 1° un
Cercle extérieur d'entourage (S²)
ayant même valeur radiante que
les 4 Forces constitutives de la
Matière; 2° un Cercle S¹ ayant
même manifestation que l'Ether
normal; 3° 7 Cercles ayant même
valeur radiante que les Couleurs :
Rouge, — *Orange,* — *Jaune,* —
Vert, — *Bleu,* — *Indigo,* — *Violet:*
— ces 7 Cercles étant compris
entre un Cercle manifestant
comme le Blanc et un Cercle manifestant comme le Noir.

FIG. 22. — *Le Champ spectral
d'un Disque violet.* — Le Disque
violet, ayant mêmes manifestations que l'Éther, évoque
les Ondes des Forces constitutives, les Ondes des Couleurs,
les Ondes vitales, les Ondes
de la Matière, les Ondes des
Éthers.

Des données, qui précèdent, je dois conclure que *les Couleurs sont de l'Ether en un certain état radiant,* caractérisé par leur Longueur d'Onde et leur Fréquence.

Le Champ spectral des Disques colorés demeure épanoui *de jour et de nuit,* comme *la Boussole radio-physique ; les manifestations des Disques colorés traversent tous les obstacles.*

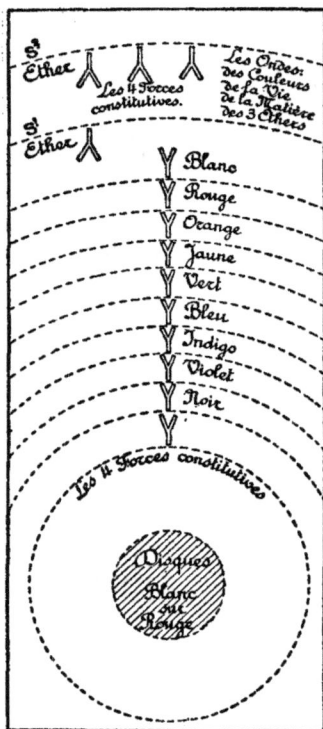

FIG. 23. — *Le Champ spectral d'un Disque blanc sur un Disque rouge.* — Ce champ évoque les Ondes des Couleurs, de la Matière, des 3 Éthers, et même de la Vie ; il évoque aussi les 7 couleurs principales.

La Prospection des Corps solaires. — En 1817, l'opticien bavarois Frauenhofer, en utilisant un prisme de flint, constatait que les Couleurs du Spectre solaire de Newton ne sont pas continues, et qu'elles sont sillonnées d'une multitude de *Raies fines et sombres ;* il fixa la position sur le Spectre newtonien de 580 Raies obscures ; et, pour servir de points de repère, il nota 8 Raies principales, les Raies A, B, C, se trouvant, toutes trois, dans le Rouge ; — D (doublé) à la limite de l'Orangé et du Jaune ; — E au milieu du Vert ; — G à l'extrémité de l'Indigo près du Violet. Les *Raies de Frauenhofer* provenaient de ce que, si le Spectre des Solides et des Liquides est continu, *le Spectre provenant de Gaz ou de Vapeurs incandescentes est discontinu,* c'est-à-dire coupées de *Raies brillantes ;* les Raies brillantes des Vapeurs métalliques varient, en nombre et en position, suivant la nature du métal ; par suite, *l'observation de ces Raies permet de déterminer le Métal,* — car le Spectre d'un Sel de *Sodium* introduit dans une flamme donnera une *Raie jaune;* — le *Lithium* donnera une *Raie jaune faible* et une *Raie rouge brillante;* — le *Calcium* donnera une *Raie verte,* une *Raie orangée,* une *Raie bleue;* — l'intensité des *Raies* varie avec la température; l'étude des *Radiations lumineuses* émises par les *vapeurs métalliques* a été nommée *Analyse spectrale* ou *Spectroscopie.*

L'*Analyse radio-physique* n'exige pas que les métaux à analyser soient portés à une température élevée par un Bec de Bunsen, ou par l'Etincelle de la Bobine d'Induction, ou par l'Arc voltaïque. Pour l'*Analyse radio-physique,* nous utilisons le *Spectre normal, Spectre inscrit dans le Champ spectral de tout Corps* (voir *Fig.* 1); les Cercles α, β, γ, du Champ spectral du Chrome font connaître le Spectre normal de ce Corps; partout où seront portées les couleurs de ce Spectre normal, pourra être révélée la présence du Chrome, fort aisément.

Il y a de cela quelques années, c'était en 1934, le désir me vint d'analyser les Corps du Soleil par mes Procédés radio-physiques. J'avais constaté que ces Analyses étaient possibles, à la condition, toutefois, d'ausculter un *rayon de Soleil* entrant dans mon laboratoire, toutes fenêtres ouvertes, et de cesser toute recherche de ce genre à partir de 15 heures; je pouvais me servir de mes Masses d'accord et de mes Couleurs d'accord, mais à condition d'accroître leur puissance radiante en leur adjoignant *un Disque noir mat.*

En Août 1937, je constatai un jour qu'une forte perturbation du Magnétisme terrestre venait d'éclore; aucun Corps ne pouvait plus livrer son Champ spectral; aucune prospection ne pouvait être entreprise.

Cependant il advint que, bien que je n'eus aucun Corps en main gauche, ma Baguette oscilla en différents points de mon Laboratoire; pour quelle raison venait-elle d'osciller ? Je mis alors en main gauche un Corps, puis un deuxième et bien d'autres, ce qui me permit de constater que, sur le sol de mon Laboratoire, s'étaient formées 3 *Zones radiantes* de valeurs très différentes; l'une de ces Zones s'allongeait en direction Ouest, une autre en direction Est; la troisième occupait le Centre.

Le Soleil était au Zénith, juste au-dessus de moi. Sur la Zone de l'Est, ma Baguette oscillait si je mettais en main gauche de l'*Hydrogène ua*, puis du *Calcium*, de l'*Hélium*, du *Titane*. Or, en me reportant à l'ouvrage de l'astronome Salet sur *La Spectroscopie astronomique*, j'y pus lire : « Le Spectre de la Chromosphère solaire est assez variable; pourtant, jusque dans les parties les plus hautes, on trouve toujours certaines Raies caractéristiques, qu'on appelle pour cette raison : *les Raies permanentes de la Chromosphère ; ...*ces Raies se rapportent aux Eléments suivants : *Hydrogènes, Calcium, Hélium* ».

Puisque j'avais reconnu dans la Zone radiante de l'Est la présence d'Hydrogène, de Calcium, d'Hélium, dont les Raies sont caractéristiques de la Chromosphère, ma Zone de l'Est reflétait le Champ spectral de la Chromosphère solaire. J'ai pu identifier dans la Zone centrale les Corps incandescents rejetés par les Taches solaires, à savoir : Hydrogènes *ua* et *dua*, — Oxygène, — Sodium et Potassium, — Calcium et Magnésium, — Silicium et Aluminium, — Titane et Manganèse.

Récemment, j'ai pu déterminer la présence dans le Soleil de 3 Corps radio-actifs, qui jusqu'ici demeuraient insoupçonnés, — et qui ne trouvent sur Terre que dans les Eaux H. M. venues de la Barysphère.

CINQUIÈME PARTIE

LES CORPS ORGANIQUES

LA VIE — LES ÊTRES VIVANTS — L'HOMME

Ce qu'est la Vie. — Claude Bernard, auteur des *Leçons sur les Phénomènes de la Vie*, a dit : « La Vie ne se définit pas ». La Vie est cependant la propriété évidente de la *Matière vivante* ; le Corps vivant se distingue du Corps mort et du Corps minéral inorganique en ce qu'il *élabore, assimile, élimine*.

A ce sujet, Paul de Jouvencel écrivait dans sa *Genèse selon la Science* : « Lorsque la Matière quaternaire (Carbone, Azote, Hydrogène, Oxygène) a disparu, la Cellule n'élabore plus ; c'est donc à la substance quaternaire que se rattachera nécessairement, pour nous, la condition *sine qua non* des phénomènes vitaux ; la Vie est attachée à ce composé quaternaire ».

L'anatomiste Bichat, auteur des *Recherches physiologiques sur la Vie et la Mort*, a conclu : « *L'action générale de la Vie organique est liée à l'action particulière du Cœur* ».

Pourrait-on dire que la Vie de l'Etre a commencé lorsque le cœur de l'embryon a commencé à battre ? Non ! *La Vie s'est trouvée transmise le jour de la fécondation de l'Ovule ;* à partir de ce moment, l'Œuf s'est morcelé ; la membrane vitelline ou Blastoderme va donner naissance au corps de l'Embryon, qui formera le Fœtus ; la Cellule type de l'Espèce possède *le potentiel nécessaire* à la constitution de l'Etre et à son développement vital.

Dans l'Œuf du poulet, qui devra éclore 21 jours après la ponte, on peut, *au deuxième jour*, distinguer *les organes de l'appareil circulatoire;* de la 24e à la 30e heure d'incubation apparaît *un liquide, qui va se colorer*, qui sera *le sang;* vers la 35e heure de l'incubation, *les globules sanguins* apparaîtront; *le cœur* va se former, et, dès qu'il sera formé, *il commencera à battre*; la Vie, qui vient de se manifester, se parachevera rapidement.

La fusion d'un Spermatozoïde avec l'Ovule mûre déclanche le processus vital; la Vie résulte de la rencontre de ces deux cellules.

Le Germe de Vie. — Sur l'Œuf des Animaux ovipares, Œuf, qui est la *cellule sexuelle femelle fécondée*, on distingue aisément, à la surface de la masse jaune vitelline, une *tache blanche* ou *Cicatricule;* le centre de la petite tache est transparent et entouré d'un anneau opaque; *cette tache* est *du Protoplasma vivant;* la *Cicatricule* ou *blastoderme* (la membrane-germe) est la partie essentielle de l'Œuf, le *dépôt ancestral*, le *Flambeau de Vie*, passant d'une génération à la suivante, ébauche première du jeune *Embryon*.

De quoi est fait ce *Germe de Vie*, qui, *fourni par un Etre vivant*, assurera *la continuité de l'Espèce* ? Tout Germe de Vie — *comme peuvent le constater tous les Radio-physiciens* — est constitué de 2 Gaz rares : *Néon et Xénon* pour les Bactéries; — *Argon et Xénon* pour les Végétaux et les Animaux; — *Krypton et Xénon* pour l'Espèce humaine; — à ces 2 Gaz rares se joignent 2 autres Eléments : la Super-électricité courte (de Haute-Fréquence) et une *Humidité* spéciale, semblable, par son Rayonnement, à ces Eaux, parfois chaudes, qui montent des Profondeurs de la Pyrosphère.

A ces 4 Eléments de constitution des Germes de Vie se joint *le Noyau vital animateur*, noyau spécial aux Corps organiques *vivants ou en état de Vie latente*.

Le Champ spectral qui accompagne l'Œuf. — Le

Champ spectral accompagnant un Œuf (supposons un Œuf de poule) a même aspect que le Champ accompagnant un Atome, une Molécule, une Cellule. Le Champ de décomposition et de dispersion comprend dans sa Première Zone (*Fig.* 24), une Piste nucléaire positive et un Cercle circumnucléaire, qui est un Cercle d'indication sexuelle ; — au-delà dans la Seconde Zone, 3 Cercles spectraux détaillant *la composition matérielle*, et aussi la composition énergétique de l'Œuf ; — dans la Troisième Zone, un Cercle préantagoniste, et un Cercle de réplique antagoniste au Cercle sexuel circum-nucléaire ; — dans la Quatrième Zone : sur le Cercle A (*Fig.* 25) détermination du Règne : la valeur d'Energie est de 262 : donc, le Règne est le Règne animal ; — au delà, en Cinquième Zone, 5 Cercles détaillant la composition de la Cellule ; parmi les Constituants de la

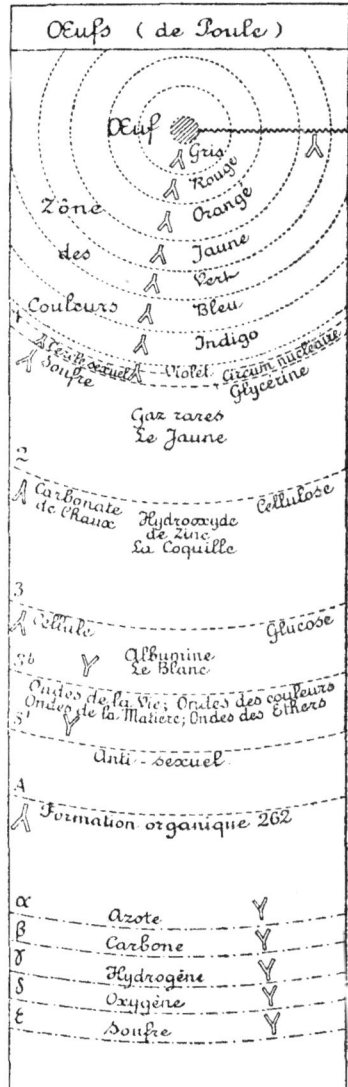

Fig. 24. — *Le Champ spectral accompagnant un Œuf (de Poule).* — Parties principales. Cercle 1 : le Jaune ; — Cercle 2 : la Coquille ; — Cercle 3 : le Blanc ; — de α à ε, les Éléments de constitution de la Cellule, et du Spectre normal.

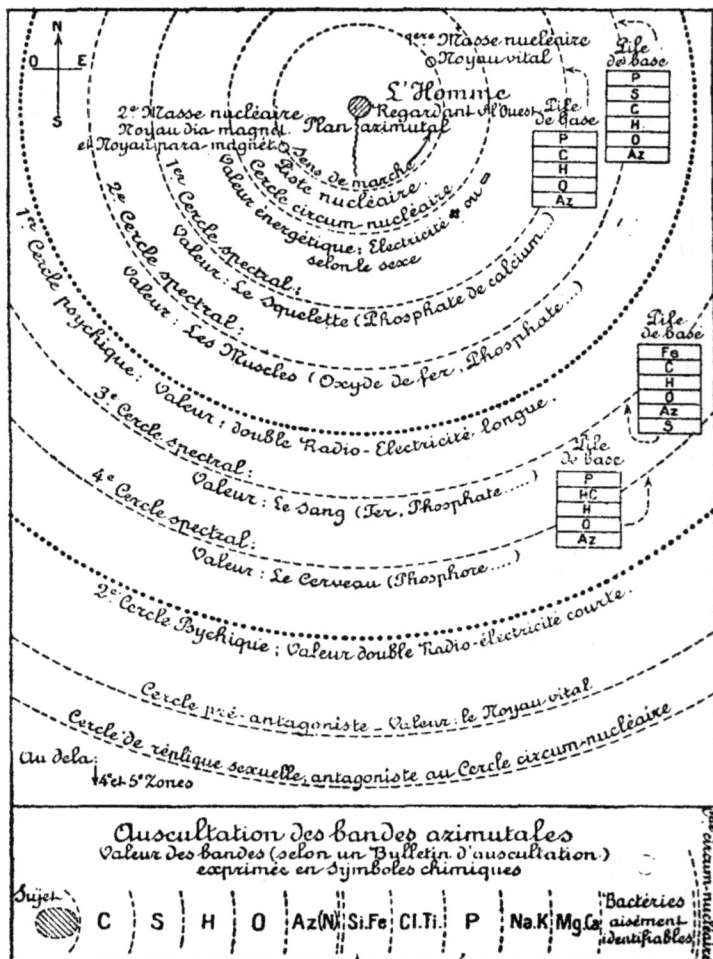

FIG. 25. — *Coupe horizontale du Champ spectral accompagnant le Corps de l'Homme.* — Les cercles spectraux montrent que le Corps humain est constitué par un Squelette et des Muscles, avec, pour animateurs, le Cœur et le Sang, le Cerveau et l'Activité cérébrale.

Cellule se trouve de l'Hydrogène et de l'Oxygène formant H^2O, c'est-à-dire présence de l'Eau ; si la Poule a bu des Eaux souillées (Cas fréquent), l'Eau cellulaire en avisera : formule de la cellulose du 2e Cercle spectral : $(O^5C^6H^{10})^n$.

Sur la Piste nucléaire de la Première Zone gravitent 2 *Masses nucléaires* se tenant, constamment, invariablement, à 180 degrés l'une de l'autre ; elles évoluent, comme toutes les Masses nucléaires, en un sens contraire au sens de marche des aiguilles d'horlogerie ; par suite, les Masses nucléaires évoluent *dans le même sens*, sur la Piste nucléaire, *que les Planètes du Système solaire autour du Soleil* (en sens lévogyre, sens de déviation à gauche) ; ces deux Masses nucléaires sont faites, l'une et l'autre de Noyaux de Force minéraux (le dia-magnétique et le para-magnétique) unis au *Noyau de Force vitale*.

Très intéressante est l'étude analytique des 3 Cercles spectraux de la Deuxième Zone. Le *Premier Cercle spectral* traduit la composition du *Vitellius*, la partie jaune, *le Jaune ;* il indique comme constituants du Vitellius, le *Soufre* et des Matières grasses ; il révèle la présence dans le Vitellius de *Gazrares* (de l'Argon, du Krypton, du Xénon), que nous pourrons rencontrer plus tard dans le tube creux des plumes de la Poule.

Le *Deuxième Cercle* permet l'analyse de la Coquille et des deux feuillets de la Membrane coquillère ; *la Coquille* est faite de Carbonate de Chaux, teinté en blanc, le plus généralement par de l'Hydroxyde de zinc $[Zn(OH)^2]$; la membrane coquillère est à base de Cellulose $(O^5C^6H^{10})$.

Les constituants du *Blanc* s'alignent sur le Troisième Cercle spectral ; ce sont des cellules albumineuses, contenant quelques principes sucrés $(O^6C^6H^{12}$, Glucose) ; sur ce même Cercle se manifeste *le Germe ou Embryon*, qui est *un Etre vivant.*

Au cours de mes Etudes, j'ai pu parfois constater *le moment où un Germe venait de cesser d'évoluer*, cesser de vibrer, *cesser de vivre.* Dans un cas d'empoisonnement des Œufs, j'ai pu observer, avant la mort de l'Embryon, le ralentissement des mouvements sur le Cercle sexuel, le rétrécissement de ce Cercle de quart d'heure en quart d'heure ; j'ai pu ainsi suivre *l'Agonie du Germe (fig.* 24).

Si, au lieu d'examiner un Œuf de poule, on isole le Germe (la Cicatricule) pour en faire l'objet d'une Etude particulière, on obtient un Champ spectral de même développement que le Champ de l'Œuf; peut-être même le Champ prendra-t-il une plus large extension, comme si l'Embryon venait d'être délivré d'une compression, d'une oppression; mais en isolant le Germe, on a rompu la membrane vitelline, on a divisé l'Œuf; après cette meurtrissure et cet isolement, le Germe n'aura qu'une brève existence; au bout de quelques heures, on verra ses manifestations s'atténuer, le Champ se rétrécir; seul, un *Disque noir*, mis en contact avec la branche gauche de la Baquette, pourra déterminer la position des différents Plans; d'heure en heure, on les verra se serrer contre le centre, et faiblir; à un moment, ils se replieront, sur le Germe; ils s'effaceront; *toute vibration vitale sera éteinte;* toute Vie sera évanouie.

Le *sexe* ayant été déterminé dans l'Œuf par la fécondation, on a souvent songé à rechercher, par examen des Œufs, *le Sexe* des futurs poussins, en vue de ne pas mettre à couver des Œufs à coquelets. La recherche du sexe est une opération délicate exigeant de grandes précautions; la difficulté de l'opération provient surtout des Imprégnations; il faudrait, pour l'opérateur, pouvoir triompher, dès la ponte, de l'emprise sur l'Œuf des vibrations maternelles; sinon, dans ses auscultations, il rencontrera toujours le sexe féminin (de la mère pondeuse et couveuse); sont, en outre, sujets à imprégner facheusement *l'opérateur*, qui passe trop rapidement d'un Œuf à un autre; — *le support des Œufs* (qui conserve l'imprégnation des Œufs précédemment observés;) — *la Coquille* (tachée de Sang ou de parcelles de Blanc d'Œuf recueillis dans l'Oviducte); souvent aussi *le Pendule*, qui vient de procéder à une auscultation. Il convient, en ces questions délicates, de ne pas croire à la possibilité, pour un néophyte, de pouvoir reconnaître le sexe d'un Œuf ou d'un Embryon, sans avoir, auparavant étudié toutes les difficultés du problème et les moyens de les surmonter.

Les Radio-physiciens sont certainement mieux armés que

quiconque pour solutionner le problème de la détermination des Sexes, du fait qu'ils ne se servent pas de Pendules (instruments perfides), et qu'ils possèdent des *Couleurs d'accord* pour les deux Sexes végétaux, pour les deux Sexes animaux, pour les deux Sexes humains.

Le Noyau vital. — Lorsque l'on scrute la Piste nucléaire d'un Corps organique, d'un Fruit, par exemple, d'une Banane, on reconnait que les 2 Masses circulant, sans arrêt, sur la Piste nucléaire, à 180 degrés, l'une de l'autre, sont constituées chacune par les deux Noyaux des Corps minéraux, le Paramagnétique et le Dia-magnétique, auxquels se sont joints une Masse positive et un troisième Noyau, *le Noyau vital*. Le *Noyau vital* est fait d'*Ether stable* associé à de l'*Electricité positive* et à de la *Super-électricité courte* (de Haute-Fréquence).

Ce *Noyau vital* anime tous les Corps vivants, même les Bactéries, dans lesquels les Procédés de la Radio-physique permettent de distinguer si l'Etre minuscule est en *Etat de Vie active* ou en *Etat de Vie sporulaire*.

Les Classifications organiques classiques et les classifications radio-physiques. — Les Etres ont été répartis en deux Règnes : le Règne végétal et le Règne animal; cette Classification s'est heurtée à la difficulté de différencier certains Animaux, tels *les Protozoaires*, certaines plantes, telles *les Algues*.

Au sujet de ce problème fort obscur, M. L. Joubin, membre de l'Institut, écrit dans son ouvrage sur *Les Animaux invertébrés :* « Les Protozoaires, dont le Corps est presque toujours invisible, qui souvent ne possèdent pas tous les Eléments fondamentaux d'une cellule, sont-ils des Animaux ou des Plantes ? Cette question se pose devant tout auteur voulant écrire un Traité de Zoologie; il se demande s'il doit commencer, ou non, son ouvrage par un Chapitre sur les Protozoaires; la tendance actuelle des Naturalistes est de considérer comme des *Végétaux inférieurs* beaucoup de Protozoaires.

M. Leclerc du Sablon, professeur à la Faculté des Sciences de Toulouse, écrit dans son ouvrage sur *Les Incertitudes de la*

Biologie : « Il est impossible d'établir une ligne de démarcation entre Règne animal et Règne végétal ».

La Classification des *Animaux* comprend 10 Embranchements et 33 Classes : le Premier embranchement est celui des Protozoaires, divisés en 3 Classes, à savoir : Rhizopodes (dont sont les Amibes), Infusoires et Sporozoaires.

La Classification actuelle des Végétaux comprend 2 Grandes Divisions : celle des Cryptogames (Plantes sans Fleurs) et celle des Phanérogames (Plantes ayant des Fleurs); dans les Cryptogames sont compris les Bactéries, classées d'abord parmi les Animaux par suite de leur mobilité.

Toutes les Classifications proposées jusqu'à ce jour ne sont que des Essais, plus ou moins heureux ; la Radio-physique peut apporter un *Tableau de Classification naturelle.*

Le *Rythme de Classification* des *Corps inorganiques* ou *minéraux* est un saut de 24 Unités énergétiques d'un Corps au suivant; alors que le *Rythme de Classification* des *Corps organiques* ou *vivants* est un saut de 14 Unités énergétiques d'une Série organique à la suivante.

Séries	Unités				
1re	24	Valeur :	1re série de Protistes		α
2e	38	—	2e	—	— β
3e	52	—	3e	—	— γ
4e	66	—	4e	—	— δ
5e	80	—	5e	—	— ε
6e	94	—	6e	—	— ζ
7e	108	—	7e	—	— η
8e	122	—	8e	—	— θ
9e	136	—	9e	—	— ι
10e	150	—	10e	—	— ϰ
11e	164	—	11e	—	— λ
12e	178	—	12e	—	— μ
13e	192	—	13e	—	— ν
14e	206	Valeur :	les Bactéries.		
15e	220	—	les Végétaux inférieurs.		
16e	234	—	les Végétaux.		
17e	248	—	les Animaux inférieurs.		
18e	262	—	les Animaux.		
19e	276	—	les Anthropoïdes.		
20e	290	—	les Humains.		

A ces 20 Séries, représentées par 20 Piles (de Disques) peuvent être ajoutées 2 autres Piles :

Série
21e   304   Valeur : Activité cérébrale inférieure.
22e   318   —   Activité cérébrale humaine.

La *Colonne de l'Onde vitale* a évoqué un *Tableau de Classification organique*, comme la *Colonne de l'Onde minérale* avait provoqué la formation d'un Champ spectral composé de 14 Cercles (*Fig.* 19), vibrant, chacun, comme l'une des 7 Familles minérales ou l'une des 7 sous-familles minérales; la Colonne de l'Onde vitale, nous amène à parler des Protistes.

Les puissantes lentilles construites au xviie Siècle par le naturaliste hollandais Leuwenhoeck permirent de découvrir des Etres extrêmement petits, d'abord les Spermatozoïdes, plus tard les Microbes ou Bactéries, organismes microscopiques unicellulaires, dont la cellule, longue de quelques millièmes de millimètres, ne semble contenir aucun Noyau, quoique il s'y trouve *quelques grains de Chromatine*, substance entrant dans la composition des Noyaux et *paraissant porter les caractères Ancestraux;* mais on ignore quelle peut être la substance chimique de cette Chromatine.

Le Champ spectral (*Fig.* 20) entourant la Colonne de l'Onde vitale signale, sur ses 13 premiers Cercles, 13 Constitutions d'*Etres jusqu'ici inconnus;* j'ai donné à ces Etres le nom de *Protistes*, parce qu'ils sont *les Premiers Etres* apparus à l'aurore des Eres géologiques.

Les Protistes des 13 Séries ou Constitutions sont faits d'un Germe uni à une Cellule. La composition du Germe est invariable dans les 13 Séries; le Germe de Vie de ces Etres premiers est fait, comme le Germe de tous les Etres suivants, de *Xénon*, d'une réserve d'*Humidité*, de *Super-électricité courte* et d'un second *Gaz rare*, qui est le *Néon* (ce Néon fera place à l'Argon dans le Germe des Végétaux et des Animaux); — *la composition de la Cellule* varie selon la valeur énergétique du Protiste, valeur débutant (pour les Protistes vibrant comme le Premier Cercle) à 24 Unités énergétiques (Protistes α) et s'arrêtant à 192 Unités énergétiques (Protistes ν).

La Cellule du Protiste de 66 Unités énergétiques est faite de $OAzCH^2$; — celle du Protiste de 122 Unités d'Energie est faite de $OAz^2C^2H^6$; — au delà, la Cellule se fortifie : $OAz^2C^3H^7$ pour le Protiste (ι) de 136 Unités; — $OAz^2C^4H^8$ pour le Protiste de 150 Unités; — $OAz^2C^5H^9$ pour le Protiste λ de 164 Unités; — $OAz^2C^6H^{10}$ pour le Protiste (μ) de 178 unités; — $O^3Az^2C^7H^{11}$ pour le Protiste de treizième et dernière Série.

Si nous comparons le Champ spectral d'un Protiste de 150 Unités d'Energie (inclus dans une Eau a-métallique H. M.) et le Champ spectral d'une Vitamine D (incluse dans une Pâte alimentaire irradiée), nous constaterons que les deux Champs spectraux sont exactement semblables (voir Figures 19 et 20, Page 81, de *Radi-esthésie et Radio-physique*); cette similitude, entre le Protiste 150 et la Vitamine D, nous conduit à cette conclusion que *les Vitamines, Etres si peu connus jusqu'ici, sont nos Protistes.*

Les Protistes ont une manifestation azimutale, qui est 20 fois plus étendue que la manifestation azimutale d'une Bactérie ou d'une Amibe; cette *manifestation azimutale du Protiste est semblable à la manifestation de l'Ether.*

Autre fait étrange : le Protiste, qui manifeste *comme manifeste un Etre vivant,*— qui manifeste *comme manifeste l'Ether ;* manifeste aussi *comme manifestent les Couleurs.*

Le Protiste de 24 Unités énergétiques est caractérisé par un *Cercle rouge*, identifiable dans son Champ spectral au-delà des Cercles dits spectraux; — le Protiste de 38 Unités est caractérisé par un *Cercle orangé ;* — le Protiste de 52 Unités par un *Cercle jaune ;* — le Protiste de 66 Unités par un *Cercle vert ;* — le Protiste de 80 Unités par un *Cercle bleu ;* — le Protiste de 94 Unités par un *Cercle indigo ;* — le Protiste de 108 Unités par un *Cercle violet ;* — le Protiste de 122 Unités par un *Cercle rouge ;*—le Protiste de 136 Unités par un *Cercle rouge* et un *Cercle orangé ;* — le Protiste de 150 Unités par un *Cercle rouge*, un *Cercle orangé*, un *Cercle jaune ;* — le Protiste de 164 Unités par un *Cercle rouge*, un *Cercle orangé*, un *Cercle jaune*, un *Cercle vert ;* — le Protiste de 178 Unités par un *Cercle rouge,* un Cercle *orangé,* un *Cercle jaune,* un *Cercle vert,* un *Cercle bleu* (voir Figures 19 et 20, Page 81 de l'ouvrage « *Radi- esthésie et Radio-physique*); — le Protiste de 192 Unités éner- gétiques est caractérisé, de même, par 5 Cercles : *un rouge, un orangé, un jaune, un vert, un bleu.* Tous les Protistes sont a-sexués et se reproduisent comme les Bactéries par divisions; les Noyaux vitaux des Protistes, au lieu de circuler dans le Champ spectral sur un seul Cercle (la Piste nucléaire) circulent sur deux Cercles (sur une Petite Piste centrale et une Grande Piste enveloppante).

Seuls de tous les Corps, les Protistes-Vitamines ont un Plan azimutal manifestant *comme l'Ether,* un Plan azimutal vibrant *comme l'Onde vitale, comme l'Onde des Lumières et des Couleurs* et aussi *comme l'Onde de la Matière.* Les *Protistes* sont des Etres étranges, et sont, sous le nom de *Vitamines,* des *Etres bienfaisants.*

Jusqu'ici on a tenu *les Bactéries* pour *des Végétaux :* les Botanistes les ont rattachés aux *Algues bleues* unicellulaires: *le Champ spectral accompagnant la Colonne de l'Onde vitale (Fig.* 20) *n'admet pas ce classement;* les 13 premiers Cercles se rapportent aux 13 Générations protistes; le 14e *Cercle vibre exactement comme les Bactéries*; les Végétaux inférieurs se classent sur le 15e Cercle, les Végétaux sur le 16e, les Ani- maux inférieurs sur le 17e et les Animaux sur le 18e Cercle.

Le Corps de l'Homme. — Pour Paul Bert, physiologiste, qui était membre de l'Institut, chaque particule microsco- pique du Corps, *chaque Cellule vit d'une Vie personnelle, d'une Vie indépendante :* « Tout se tient, écrivait-il, Tout se lie, s'harmonise en action dans l'Etre vivant; la Vie réside dans chaque particule du Corps».

Il ajoutait : « La Vie se conserve dans des parties séparées du Corps; il y a un siècle, Croissant de Garengeot, chirurgien parisien réputé, raconta qu'un individu, ayant eu le nez coupé dans une rixe, vint, plusieurs heures après, le nez à la main, réclamer ses secours; Garengeot nettoya le pauvre nez, le remit soigneusement en place, et, à sa grande surprise, vit se recoller parfaitement ce malheureux organe, qu'il avait fallu ramasser dans la boue et laver avec du vin chaud ».

La Vie de certains organes ne s'arrête pas immédiatement après la mort de l'Etre ; la barbe du mort continue, un certain temps, à pousser, comme aussi ses cheveux et ses ongles. Le docteur Voronoff a conclu dans le même sens, en affirmant que les reins, le foie, les glandes peuvent survivre de 6 à 8 heures, que les os peuvent survivre 18 heures, que les organes détachés à temps peuvent conserver leurs propriétés pendant un temps suffisant pour qu'on les puisse transplanter et greffer sur d'autres Corps.

Pour le docteur Alexis Carrel (Prix Nobel de 1912), il convient de changer les organes malades et de les remplacer par des organes sains ; il change un rein, une cuisse, mais il constate que les organes ne peuvent être interchangés d'un sujet à un autre qu'au cas où les deux sujets sont « suffisamment rapprochés » ; il a pu entretenir des tissus cellulaires *vivant pendant plusieurs mois* en dehors d'un organisme.

La Prospection humaine.— Lorsque l'Homme regarde vers l'Ouest, dirigeant vers le Nord le côté droit de son Corps et vers le Sud le côté gauche, un vaste Champ spectral se développe ; si l'Homme se trouve sur le sol, comme le 20 juin 1923, lorsque j'ai fait, au cours d'un Congrès, mes premières observations au Bois-de-Boulogne, le Rayon du Champ spectral dépasse 200 mètres ; en laboratoire, loin du sol, le Rayon ne dépasse guère 20 mètres.

Dans le Champ spectral de l'Homme, au delà de la *Piste nucléaire* et du Cercle sexuel circum-nucléaire, 4 Cercles spectraux principaux : le 1er vibre comme *le Squelette* et permet de connaître l'état des Os ; — le 2e vibre comme *les Muscles* et permet d'ausculter les muscles ; — le 3e vibre comme *le Sang* et permet de scruter le Sang ; — le 4e Cercle vibre comme le *Cerveau ;* entre le 1er Cercle et le 2e, est un Cercle adventif en relation avec *les Nerfs ;* — entre le 2e et le 3e Cercle et au delà du 4e Cercle, 2 autres Cercles adventifs en relation avec le Travail cérébral, avec *l'Activité cérébrale.*

L'étude la plus importante doit être portée sur la manifestation azimutale : le Plan azimutal humain se repère aisément, soit en direction du Sud (en marche de l'Ouest vers le Sud), soit en direction du Sud-ouest. Le Plan azimutal est constitué par un certain nombre de *Bandes vibrantes* (détectables à l'aide de Disques colorés), juxtaposées *en Arc-en-ciel* et tenant tout l'Espace compris entre la personne étudiée et le Cercle circum-nucléaire ; ces *Bandes* vibrantes, ont, le plus généralement, pour valeur, par ordre à partir du centre : Carbone, — Soufre, — Hydrogène, — Oxygène, — Azote ; puis : Silicium et Fer, — Chlore, — Titane, —— Phosphore, — Sodium, — Potassium, — Magnésium, — Calcium ; la dernière Bande reflète les *invasions microbiennes ;* l'espèce de chacune des Bactéries peut être identifiée par la nature du minéral dominant dans sa composition : par exemple : Scandium, Gallium, Indium, Vanadium, Sélénium ; — le Bi-sulfure de Germanium dénoncera les Colibacilles ; — le Sulfure de Strontium dénoncera les Streptocoques.

L'étude de chacune des Bandes azimutales permet de reconnaître l'état de déficience et de pléthore de chacun des Eléments du Protoplasma (Carbone, Hydrogène, Oxygène, Azote, Soufre), et de chacun des autres Eléments normaux de la Cellule humaine (Fer, Silicium, Phosphore, Chlore, Calcium, Magnésium, Sodium, Potassium, avec Manganèse et Titane) ; l'Etude des Bandes permet aussi d'être informé de suite d'une invasion microbienne et de prendre sans tarder des mesures de préservation.

La Prospection humaine permet des *Diagnostics précoces* et peut, par suite, permettre d'attirer l'attention du médecin sur la gravité d'un cas, lui paraissant, tout d'abord, fort bénin. Les Procédés de travail de mon élève, Madame Jacqueline Chantereine, spécialisée dans l'étude du Corps humain, et dont la notoriété a franchi les Océans, — ses Procédés peuvent se résumer ainsi : à l'aide de Baguettes et d'Etalons spéciaux sont relevés directement *le Rythme de chacun des Organes*, ce qui permet de reconnaître le degré d'Hypo-fonctionnement de ces Organes ; — à l'aide d'une autre série d'Etalons, les Déficiences de l'Organisme en Sels minéraux et Métaux sont évaluées ; — à l'aide d'Etalons spéciaux, les *Intercalations microbiennes* sont relevées et *l'Espèce microbienne identifiée*.

Le Champ spectral de l'Activité cérébrale humaine. —

M. E. Bardonnet écrivait en 1895 : « La fonction du *Cerveau* est de *vibrer ;* le Cerveau vibre ; et, toutes les fois qu'il vibre, son travail vibratoire aboutit à un phénomène psychique ». Dans le même sens, ces réflexions du professeur Paul Becquerel, de la Faculté des Sciences de Poitiers : « Puisque la Chaleur, la Lumière sont un travail vibratoire, pourquoi *l'Esprit* ne serait-il pas *un travail vibratoire ; —* pourquoi l'Esprit, qui est une Force, serait-il autre chose que ce que sont toutes les Forces ? » Louis de Launay, de l'Académie des Sciences, ajoutait : « Il est difficile de ne pas considérer *notre Pensée comme un jeu d'Electrons devenus conscients* ». Pour Elisée Reclus, *le Cerveau,* matière vivante, *est de la Matière prenant conscience d'elle-même* ».

Notre Cerveau est, de toute évidence, un *Centre vibratoire,* où s'élabore la Pensée, source de l'Intelligence (*Concevoir*), de la Sensibilité (*Sentir*), de la Volonté (*Vouloir*). Le Cerveau, a-t-on dit, est un Laboratoire permanent et puissant de *Procédés d'Emission et d'Enregistrement*.

La moindre *excitation de la Cellule nerveuse* est suivie d'un *dégagement d'Energie cérébrale*, produisant des *Ondes*, qui se propagent dans l'Espace ambiant ; ces *Ondes de la Pensée* sont fréquemment accompagnées des *Ondes du Regard,* qui sont assez semblables aux *Ondes cérébrales*. L'*Activité cérébrale*, sous ses différents aspects, est une *Force radiante ;* par suite est une modalité de l'Energie, une modalité de l'Energie supérieure. Pour scruter l'Activité cérébrale humaine, il serait *nécessaire d'évoquer le* Champ spectral de cette Activité. Est-ce possible ?

La Colonne des Ondes vitales développe autour d'elle 22 Cercles concentriques ; le 21ᵉ Cercle (de 304 Unités énergétiques) vibre comme une Activité cérébrale faible ; et le 22ᵉ

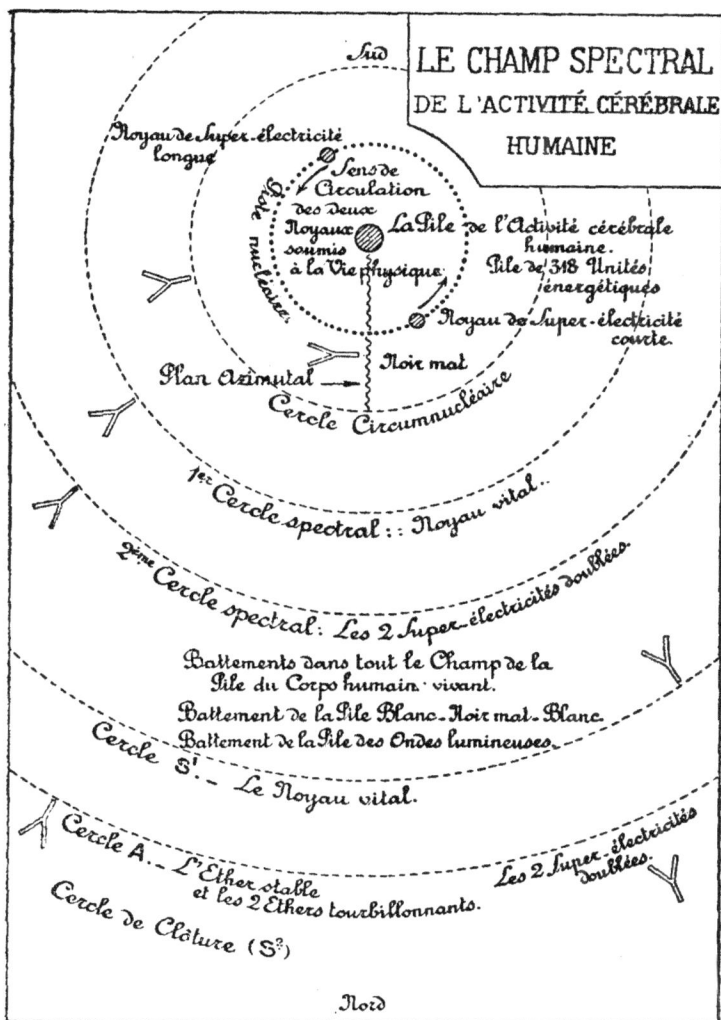

FIG. 26. — *Le Champ spectral de l'Activité cérébrale humaine.* — Champ obtenu à l'aide de la Pile de l'Activité cérébrale humaine, Pile de 318 unités énergétiques : caractéristique sur le 2ᵉ Cercle spectral : les 2 Super-électricités doublées.

Cercle comme l'*Activité cérébrale humaine*. Pour étudier schématiquement *le Corps de l'Homme*, on évoque le Champ spectral d'une Pile de 290 Unités énergétiques ; pour étudier l'*Activité cérébrale du Cerveau humain*, on évoquera le Champ spectral d'une Pile de 318 Unités énergétiques.

Dès que sera mise au sol, la Pile de 318 Unités, le Champ spectral apparaîtra ; il comportera : 1° Une Piste nucléaire, sur laquelle gravitera, non plus, des Noyaux para-magnétiques et dia-magnétiques, mais 2 Noyaux faits : l'un de Super-électricité courte, et l'autre de Super-électricité longue ; au delà du Cercle circum-nucléaire, 2 Cercles spectraux vibrant : le Premier comme le Noyau vital et le Second vibrant comme les 2 Super-électricités doublées. De ces constatations, il résulte que la Manifestation que nous nommons *Activité cérébrale humaine* a pour caractéristique la vibration *des deux Super-électricités de Hautes Fréquence groupées*.

Le Champ spectral de l'Influx nerveux humain. — Que peut être *l'Influx nerveux* ? Le Neurone, cellule nerveuse, n'entre en activité que sous l'influence d'une excitation créée par l'Influx nerveux. — L'Influx nerveux ? « *On ignore sa véritable nature* » portent les plus récentes Encyclopédies. Bouillet, il y a plus de 70 ans, disait déjà dans son *Dictionnaire universel des Sciences:* « L'existence d'un *Fluide nerveux* est encore aujourd'hui un problème ».

Pour connaître l'essence de *l'Influx nerveux*, dressons la Pile de cet Influx. En réalité nous avons pu établir 6 Piles : la plus simple est faite de cette Filicinée isosporée qu'est la *Fougère*, cryptogame vasculaire ; nous avons pu déterminer que l'Influx nerveux possède une Masse de 246 Unités ; par suite, nous pouvons établir une Pile faite de 2 Corps : le Titane P. A. 48 et l'Or P. A. 198 (198 + 48 = 246) ; une Pile constituée par de l'Infra-rouge et de l'Ultra-violet, séparés par un Noyau vital, a même vibration que l'*Influx nerveux;* autre Pile : *La Matière*, — le *Noyau vital*, — l'*Electricité négative*, — l'*Electricité positive*, — *la Super-électricité longue*, — *la Super-électricité courte* (*fig.* 27).

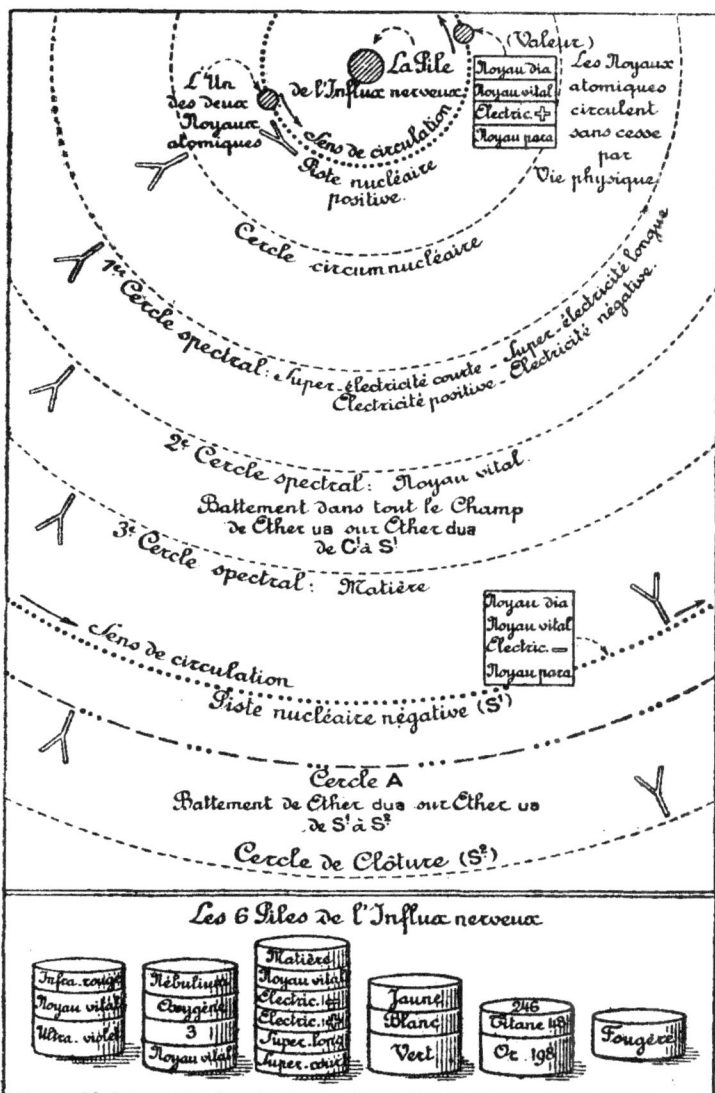

FIG. 27. — *Le Champ spectral de l'Influx nerveux.* — Champ obtenu à l'aide de l'une des Piles de l'influx nerveux ; caractéristique : présence sur le 1ᵉʳ Cercle spectral des 2 Électricités classiques et des 2 Super-électricités de Haute-Fréquence.

Le Champ spectral de l'Influx nerveux est ainsi un *Champ nettement électrique*. Aux déclarations : « On ignore la véritable nature de l'Influx nerveux » nous opposons, à la suite de nos expérimentations : « La véritable nature de l'*Influx nerveux* est nettement Electrique ; l'Influx nerveux est *un Courant électrique* ».

Pour le docteur Mathieu, de Nancy : « Les Nerfs sont bien de véritables conducteurs électriques ». Le docteur Mathieu a constaté expérimentalement, au cours de sa longue carrière, que *la Vie est une Force qui peut être supplée par l'Electricité ;* il déclare dans son *Petit catéchisme de Santé :* « Lorsque je constate une déficience, une diminution de la vitalité, une maladie en un mot, il me suffit de *surajouter*, à l'Energie vitale insuffisante, *une dose complémentaire d'Electricité* pour voir s'atténuer les phénomènes morbides, diminuer la maladie, se rétablir la santé ».

Le docteur Martin du Theil écrivait récemment que *le véritable défenseur de l'organisme* est *le Système nerveux*, que l'équilibre du Système nerveux protège contre la maladie, qui ne peut s'implanter sans une rupture de l'équilibre nerveux.

Les Hautes Fréquences ont été introduites dans la Thérapeutique médicale par le Physicien français Arsène d'Arsonval. L'Arsonvalisation utilise des décharges électriques se succédant à la vitesse de plusieurs centaines de mille par seconde ; cette méthode thérapeutique fait pénétrer dans l'organisme la chaleur produite par une Source électrique de Haute Fréquence : les Rayons ultra-violets ainsi lancés ravivent les Cellules.

L'Organisme a d'autant plus besoin d'Électricité, que, d'après certains médecins, *le Corps humain ressemblerait à un accumulateur chargé d'Electricité ;* il arrive un âge où *l'accumulation d'Electricité* faite dans le jeune âge, s'épuise ; il conviendrait donc, à ce moment, de *recharger le Corps en Electricité* pour guérir différentes affections, et plus particulièrement *celles qui proviennent des Nerfs*.

A côté des puissants Appareils de Diathermie ont été lancés

de modestes Appareils dits à *Rayons violets ;* de ces Appareils (voir *Fig.* 10), les constructeurs disent : « *L'action remarquable des Courants de Haute-Fréquence sur le Système nerveux* en fait *un agent précieux pour combattre les maladies des Nerfs ;* l'action tonique de Haute-Fréquence sur le Système nerveux est tout à fait remarquable », ce qui est fort naturel, lorsque les Nerfs manquent d'Electricité.

RÉSUMÉ

Dans son ouvrage de 1925 *La Lumière et les Radiations invisibles*, le professeur A. Boutaric constatait que : « Il y a des Problèmes, qui échappent à la Science » et « Nous ne savons rien de l'Ether ». Cependant, en 1929, le professeur norwégien Carl Störmer parlait des *Vibrations de l'Ether ;* ces Vibrations nous intéressent au plus haut point, car, elles seules, peuvent nous renseigner sur l'Ether et sur son rôle dans la Nature, *la Nature étant l'ensemble des Etres et des Choses qui composent l'Univers.*

Estimant avec Sir Oliver Lodge que « *l'Ether domine la Physique moderne* », nous avons suivi les sages conseils de Sir James Jeans, qui voulait voir *étudier avec soin les Propriétés physiques de l'Ether ou des Ethers.*

J'ai dit comment j'ai été conduit à connaître l'une des formules de l'Ether, puis, peu après, sept autres formules, *sept Colonnes de Disques colorés,* me permettant de *scruter l'Ether.*

J'ai scruté l'Ether. Qu'ai-je constaté ? La Figure 3 l'indique : sont faits d'Ether : 1° Les Forces électriques ; — 2° les Corps inorganiques ; — 3° les Couleurs et les Lumières ; — 4° les Corps organiques ; est fait d'Ether tout ce que peut englober l'expression : « La Nature », la Nature étant l'ensemble des Etres et des Choses, qui composent l'Univers.

Puisque Tout ce qui est Force, Tout ce qui est Matière, Tout ce qui Est se trouve constitué par l'Ether, on ne pourra plus dire que l'Ether est un je ne sais quoi totalement inconnu et hypothétique ; d'ailleurs l'Ether, quoique invisible, impal-

pable, impondérable, est, depuis longtemps, tenu comme agent
de transmission de la Lumière, de la Chaleur, de l'Electricité;
cet Elément manifeste dès que l'une de ses Piles ¦est interro-
gée.

De l'Ether, passons aux Entités constituées par l'Ether. En
première ligne se présente l'Electricité. Qu'est l'Electricité ?
Selon Lucien Poincaré : « Le Physicien le plus savant ignore
encore profondément quelle est la véritable nature des Phénomènes électriques ». En est-il ainsi ? Les Physiciens ne
parlent guère que d'Electricité négative et d'Electricité positive, sans en déterminer l'Origine et l'Essence ; pour ce qui est
des Radio-physiciens, ils étudient constamment 4 Electricités :
les 2 Electricités classiques, la négative et la positive, et les
2 Super-électricités de Haute-Fréquence, dont j'ai parlé dans
le paragraphe ayant pour titre : « Comment j'ai découvert la
Super-électricité longue et la Super-Electricité courte, Forces
de Haute-Fréquence ».

Après avoir parlé de l'Electricité, passons à la Matière : au
sujet de la Matière un professeur de Physique a écrit : « Notre
ignorance au sujet de ce que nous nommons Matière est complète ». De quoi est faite la Matière ?

Nous avons déterminé, en parlant des Corps inorganiques,
quels sont les Eléments de constitution de tous les Corps
simples, ces Eléments étant *les quatre Gaz des Nébuleuses
gazeuses :* le Coronium, l'Hydrogène, le Nébulium, et l'Hélium.

Grâce à la Radio-physique, les Radio-physiciens, qui suivent
nos Conseils et notre Enseignement sur le terrain, qui possèdent le matériel que nous recommandons, peuvent devenir
des Analystes et des Prospecteurs de Haute Classe, capables
de solutionner toutes les difficultés quelles qu'elles soient :
comme je l'ai fait moi-même.

L'analyse radio-physique, telle je l'ai conçue, peut permettre d'analyser tous les Corps, les Corps composés, comme
les Corps simples, les Corps visibles ou invisibles, les Corps
proches ou lointains; cette Analyse physique est incontestablement plus rapide et plus précise que l'Analyse chimique.

J'ai pu montrer ce qu'est l'Ether et ce qu'est l'Electricité.

J'ai pu montrer l'enchaînement des Corps inorganiques, du Coronium (de masse 0,5) jusqu'aux Corps radio-actifs de masses 251, 270 et 289, jusqu'ici inconnus; — j'ai pu montrer l'enchaînement des Corps organiques, du Protiste, ou Vitamine α, jusqu'à l'Homme, jusqu'à l'éclosion de l'Activité cérébrale de l'Homme.

Pendant plus de 30 ans, j'ai poursuivi mes recherches, inlassablement, en laboratoire et sur le terrain; ces recherches, je les continue.

Henri MAGER.

TABLE DES MATIÈRES

PREMIÈRE PARTIE

L'ÉTHER

DEUXIÈME PARTIE

L'ÉLECTRICITÉ
LA SUPER-ÉLECTRICITÉ DE HAUTE-FRÉQUENCE
LE MAGNÉTISME

TROISIÈME PARTIE

[LES CORPS INORGANIQUES
LA MATIÈRE

QUATRIÈME PARTIE

COULEURS ET LUMIÈRES

CINQUIÈME PARTIE

LES CORPS ORGANIQUES
LA VIE — LES ÊTRES VIVANTS — L'HOMME

RÉSUMÉ

TOURS. — IMPRIMERIE DESLIS S. A.

Vous avez une question sur l'Hermétisme, l'Esotérisme ou la pratique des Sciences Occultes ?

L'Encyclopédie Ésotérique vous apportera des réponses et des mises au point précieuses.
Cliquez www.ceodeo.com

L'Encyclopédie Ésotérique ainsi que les articles, dossiers, cours et essais que vous trouverez sur notre site s'adressent tant aux profanes qu'aux spécialistes.

Collège Ésotérique et Occultiste
d'Europe et d'Orient
(CEODEO) www.ceodeo.com

www.ingramcontent.com/pod-product-compliance
Lightning Source LLC
Chambersburg PA
CBHW071805090426
42737CB00012B/1955